尾張津島天王祭
歴史と起源を考察する
―市江を中心に―

吉田 由貴子

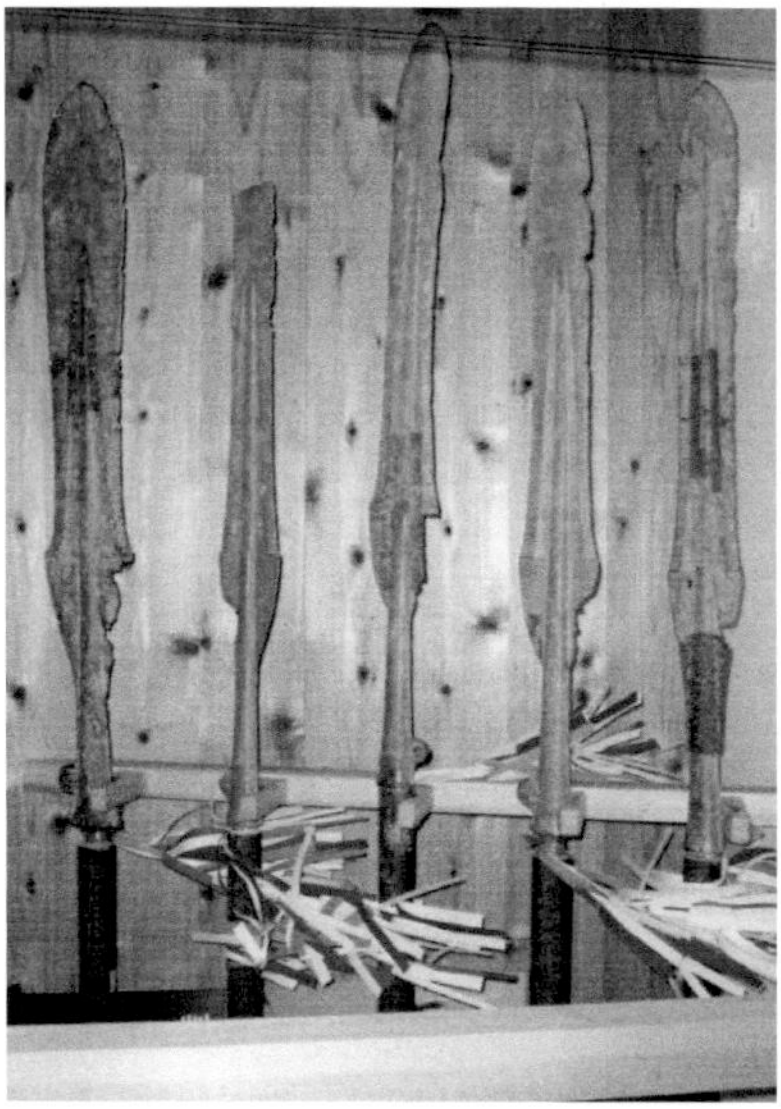

1. 高岡神社秋祭で使われる弥生後期の広鋒銅鉾（写真提供：高知県高岡神社）

2-A

2-A～2-C、京都上京の剣鉾の祭（西院春日神社　春日祭）

2-B

2-C

3-A

3-B

3-A　3-B
星の宮に飾られる布鉾（朝祭の前日）

4. 市江車の腰なげしに描かれた下がり藤の紋

5-A. 唐破風の屋根をつけた唐車　京都市平安京創生館（京都アスニー内）展示品

5-B. 同上

6-A

6-B

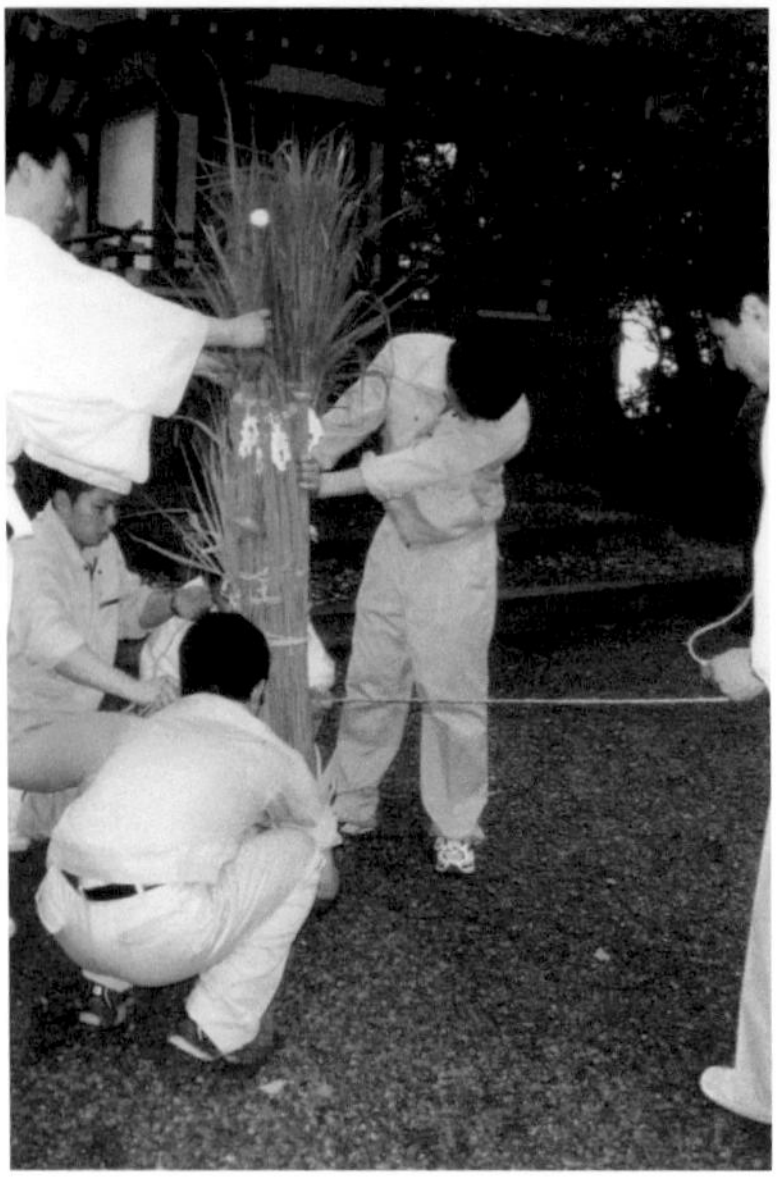

6-C

6-D

6月5日の熱田祭の熱田南新宮社

6-A　南新宮社向かって左側に立てられた葭

6-B　南新宮社の社殿の前部には束ねた束が飾りつけてある

6-C　神事が終わると神葭は１つの束にまとめられる
　神前から運び出される

6-D　小さな車に載せられ神前から運び出される

南
新宮　天王社
拝殿の前なるは幡桙

神葭の束　奉納された3本の幡桙

7-A

『熱田祭り奠年中行事図会』（『新修名古屋市史　資料編　民俗』より）

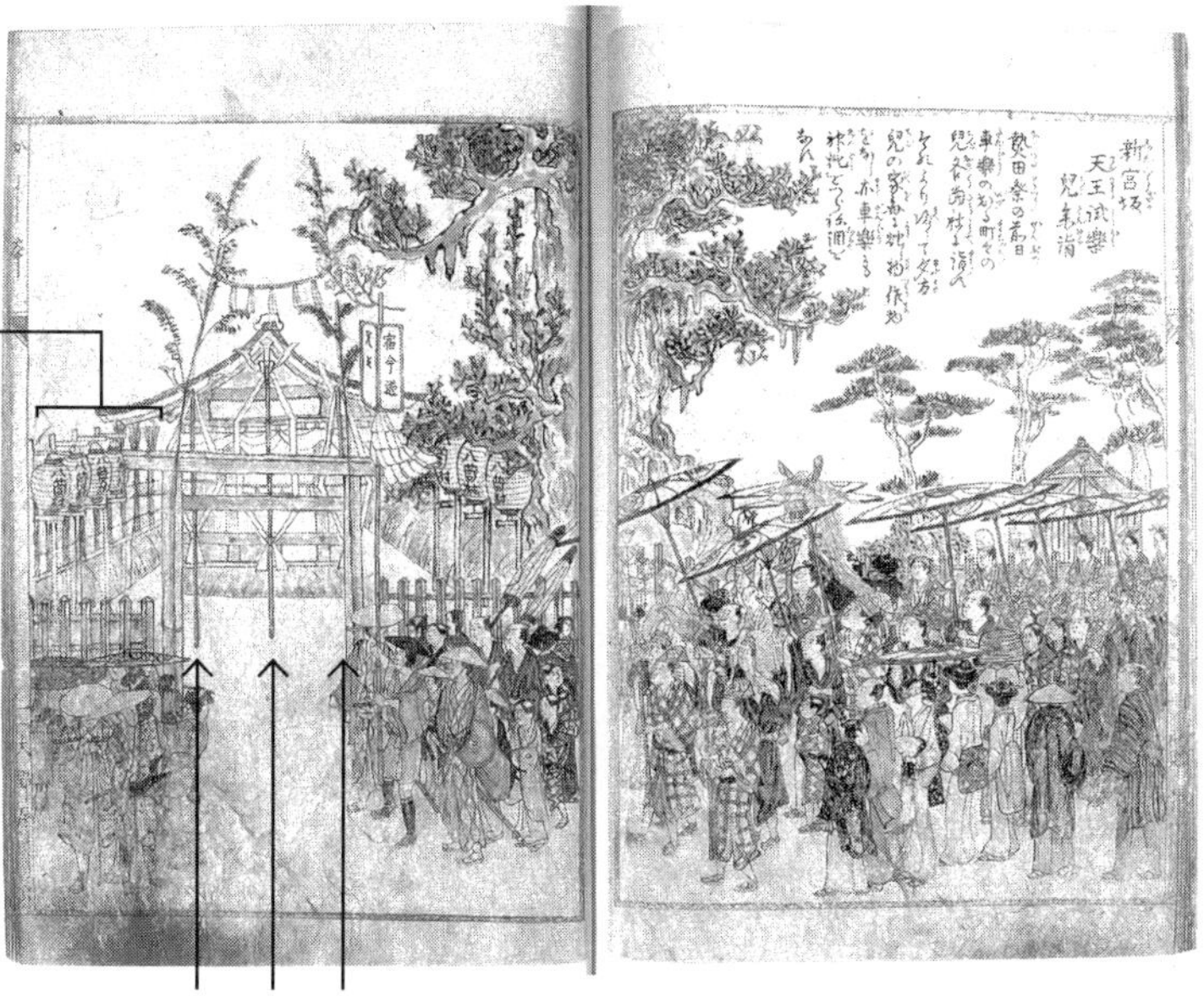

葭の束が社殿の周りに駆られている

3本の鉾が奉納してある

7-B

『尾張年中行事繪抄六月之部下九』（『名古屋叢書三編第六巻　尾張年中行事絵抄　中』より）

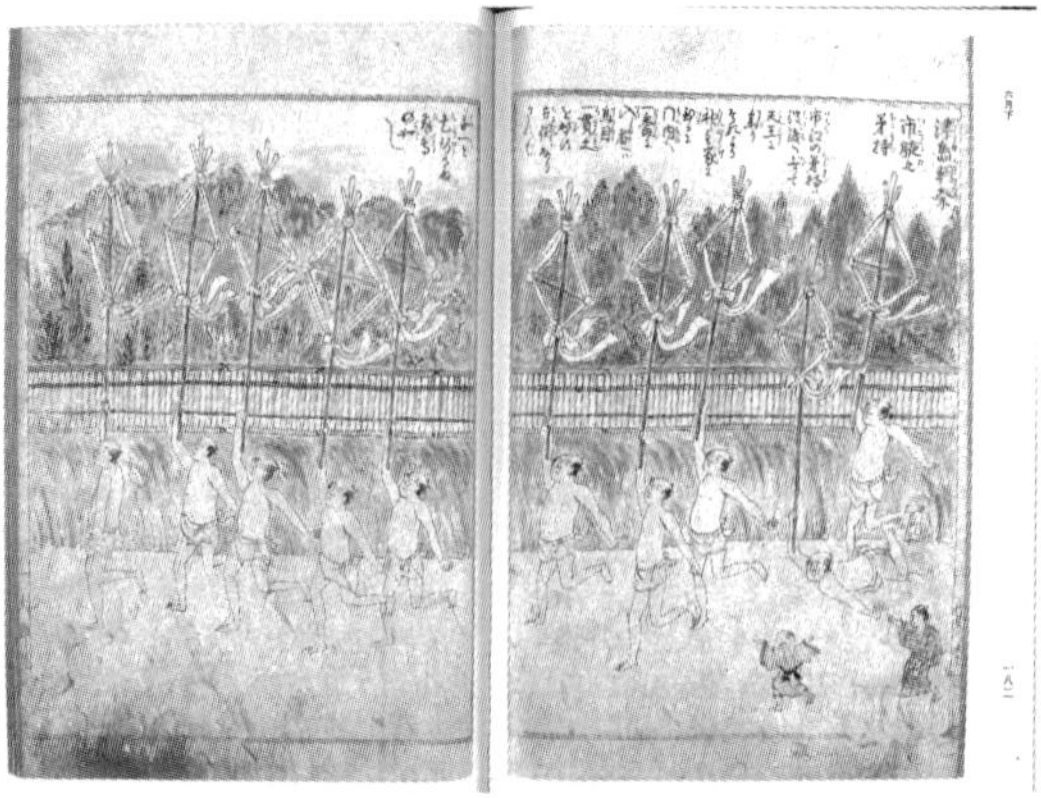

8. 間違って描かれた市江の鉾
津島天王祭の市江の鉾が熱田南新宮社に奉納された鉾と同じ形に間違って描かれた絵『尾張年中行事繪抄六月之部下九』(『名古屋叢書三編第六巻　尾張年中行事絵抄　中』より)

9-A

9-B

9-C

9-A. 津島神社に奉納された市江の鉾2本は社務所に奉納されるので拝殿前には8本が飾られる
鉾に付いているしずくに触れると悪いところが治ると言われているので順番待ちの列ができる
9-B. 市江の鉾の上部
9-C. 鉾に触れようとする参拝者

鉾之図

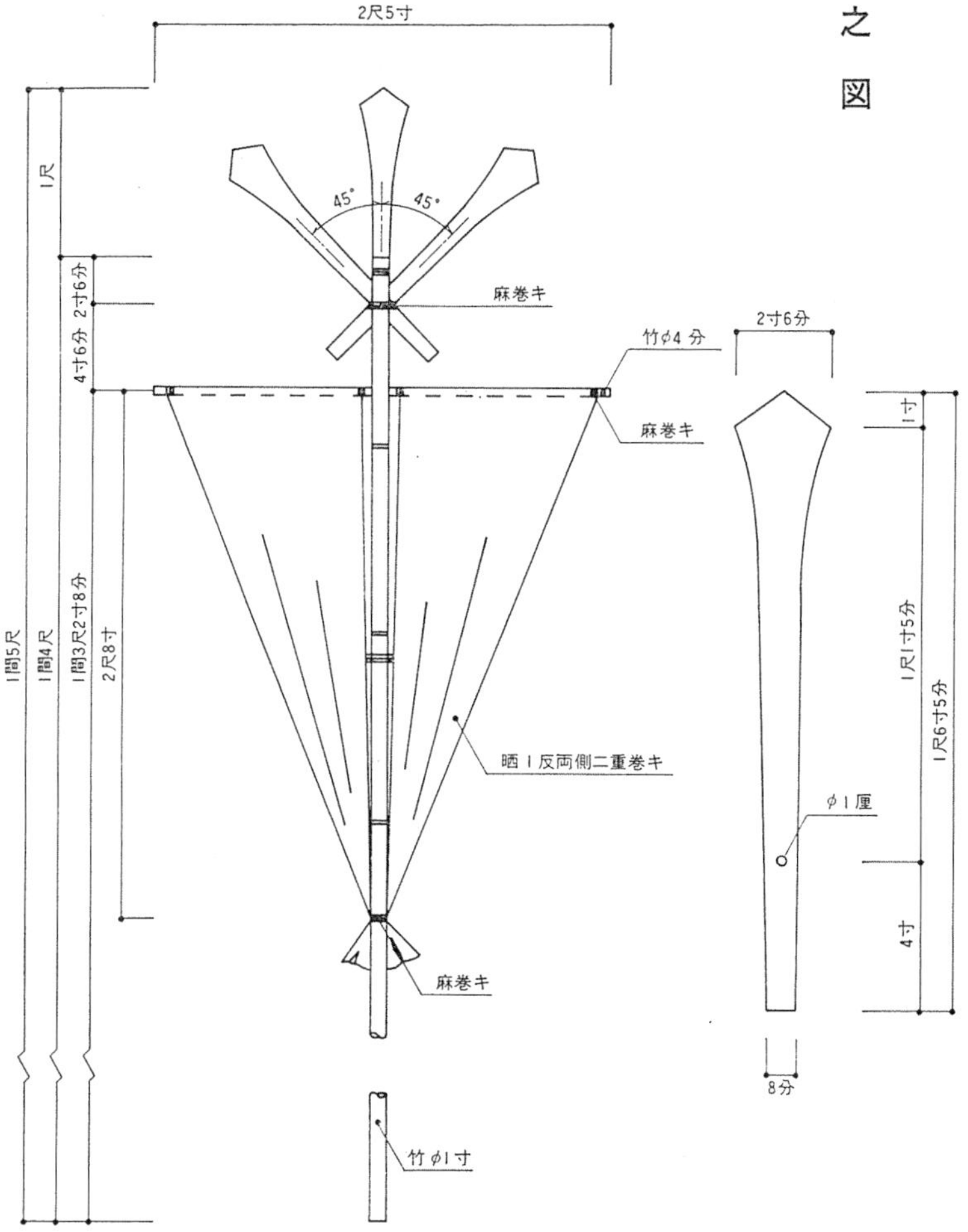

出典『佐屋町史　史料編二』

屋形正面図（鉄船）

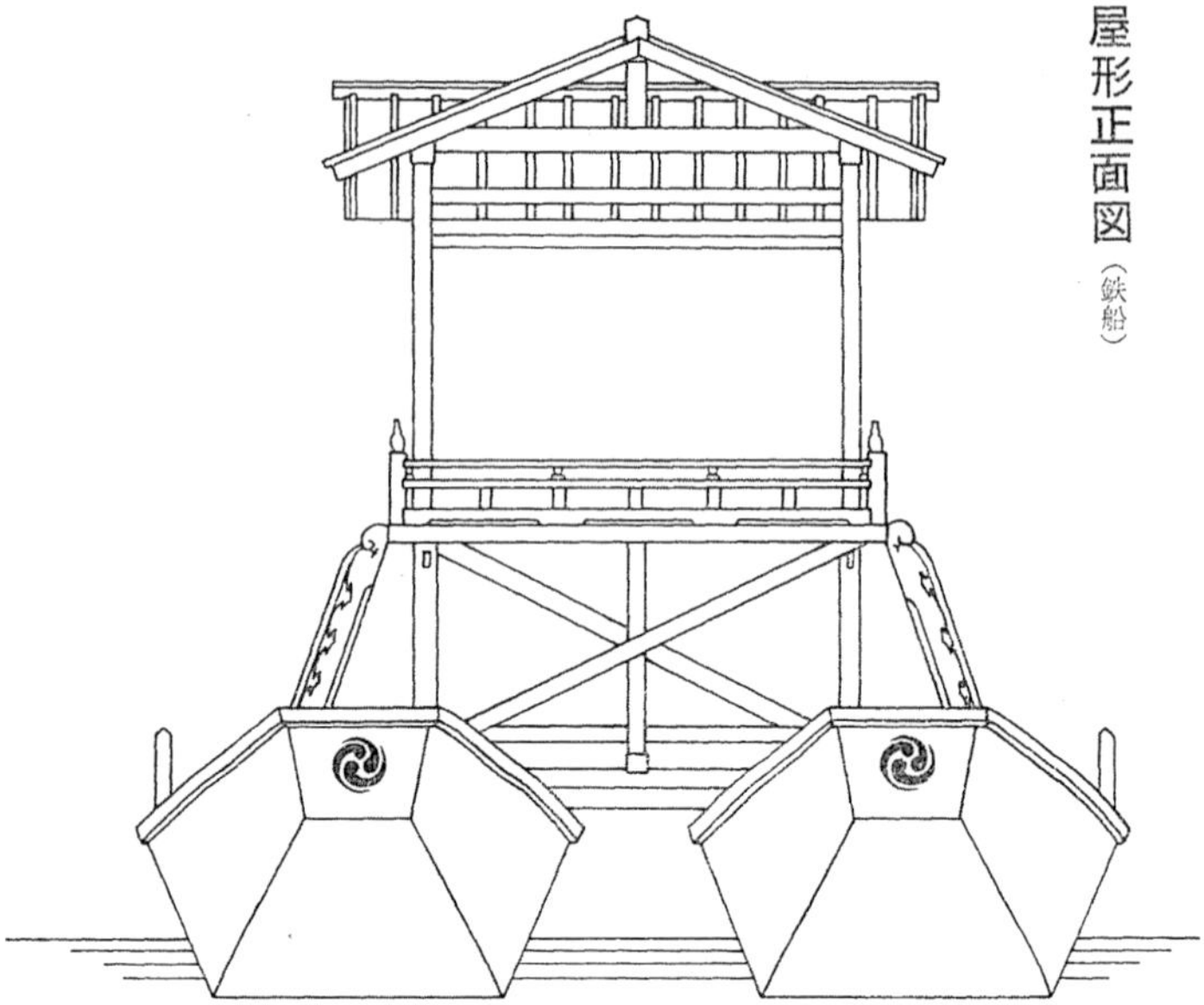

（小　山）　（大　山）

屋形側面図

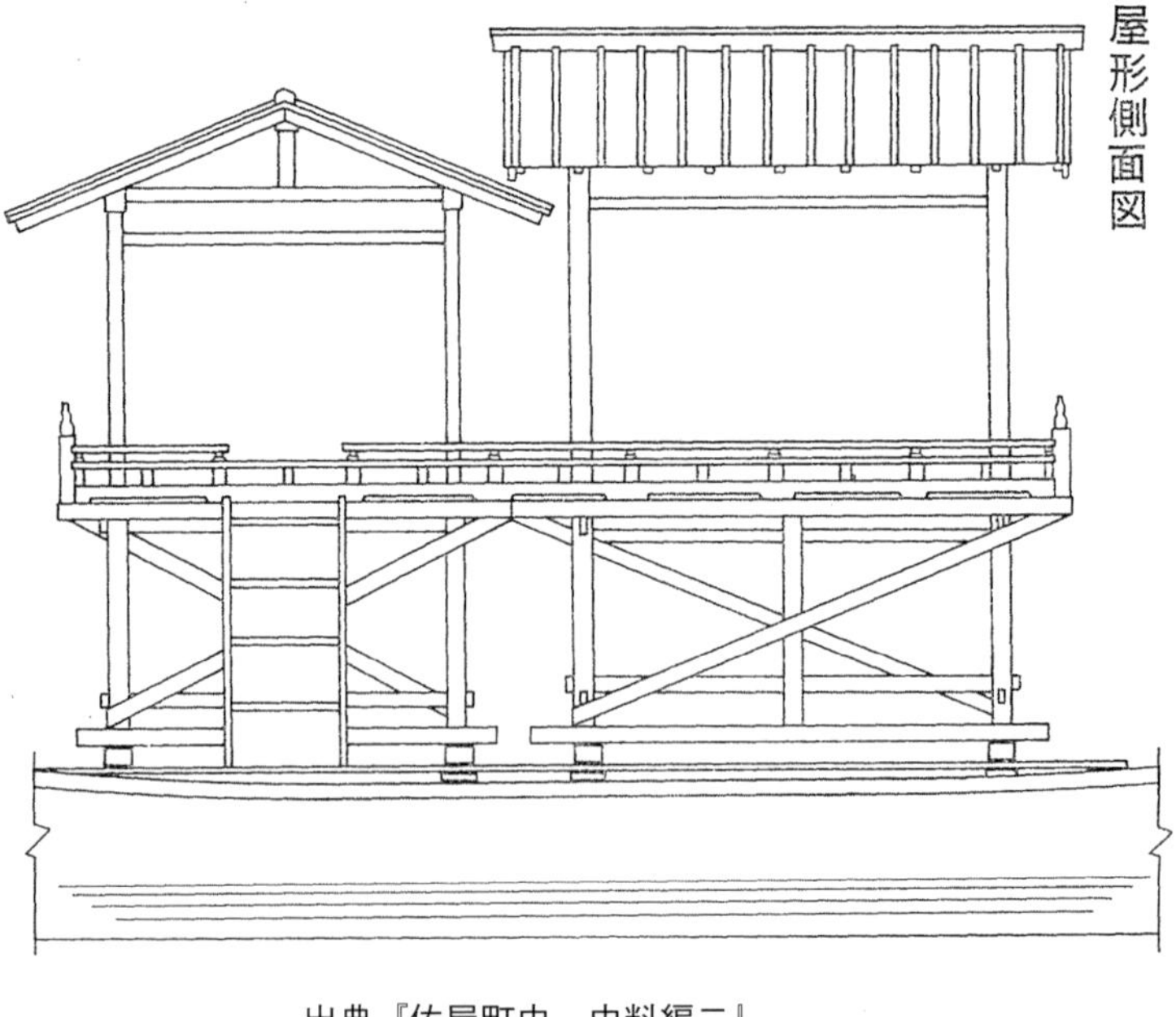

出典『佐屋町史　史料編二』

木船見取図

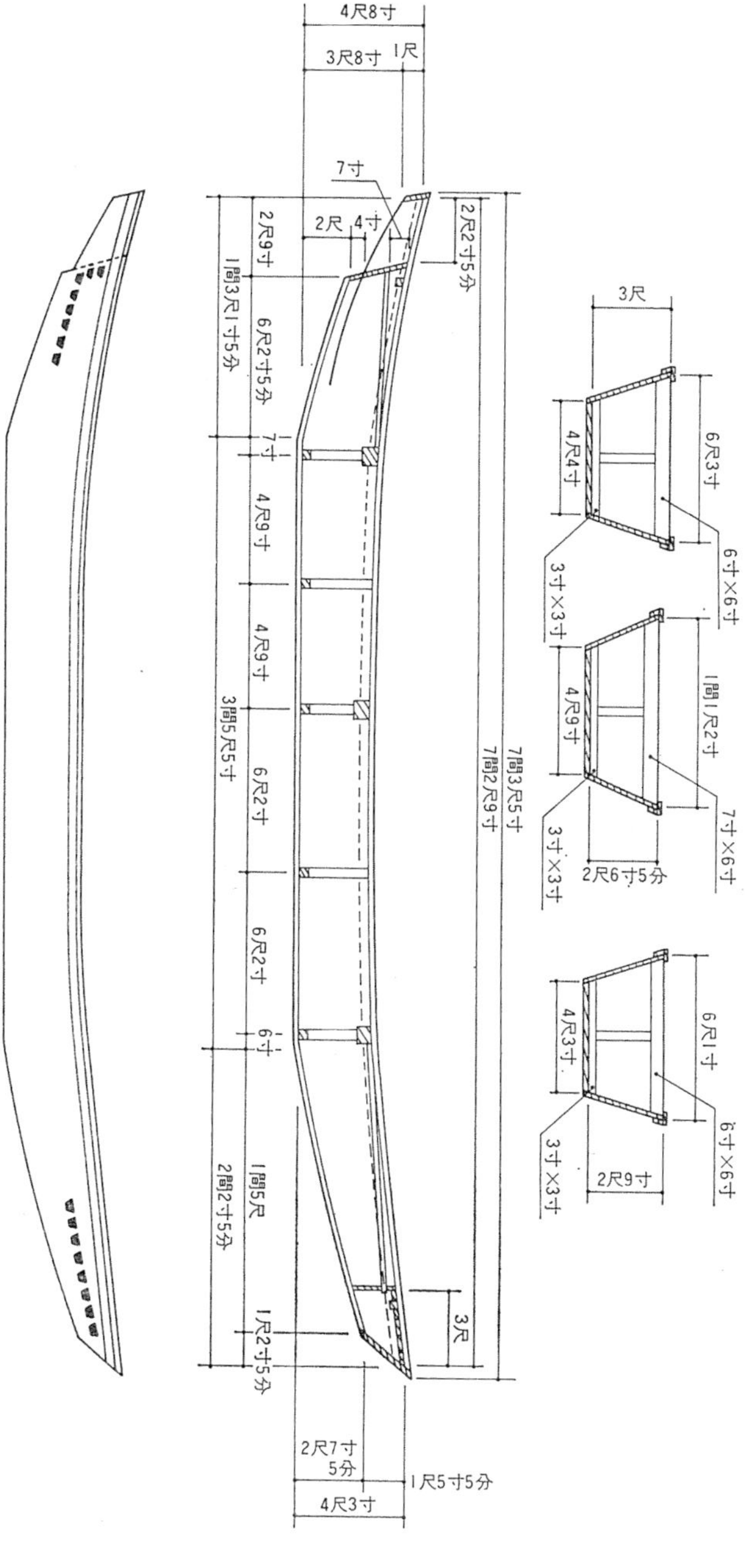

出典『佐屋町史　史料編二』

市江車正面姿図

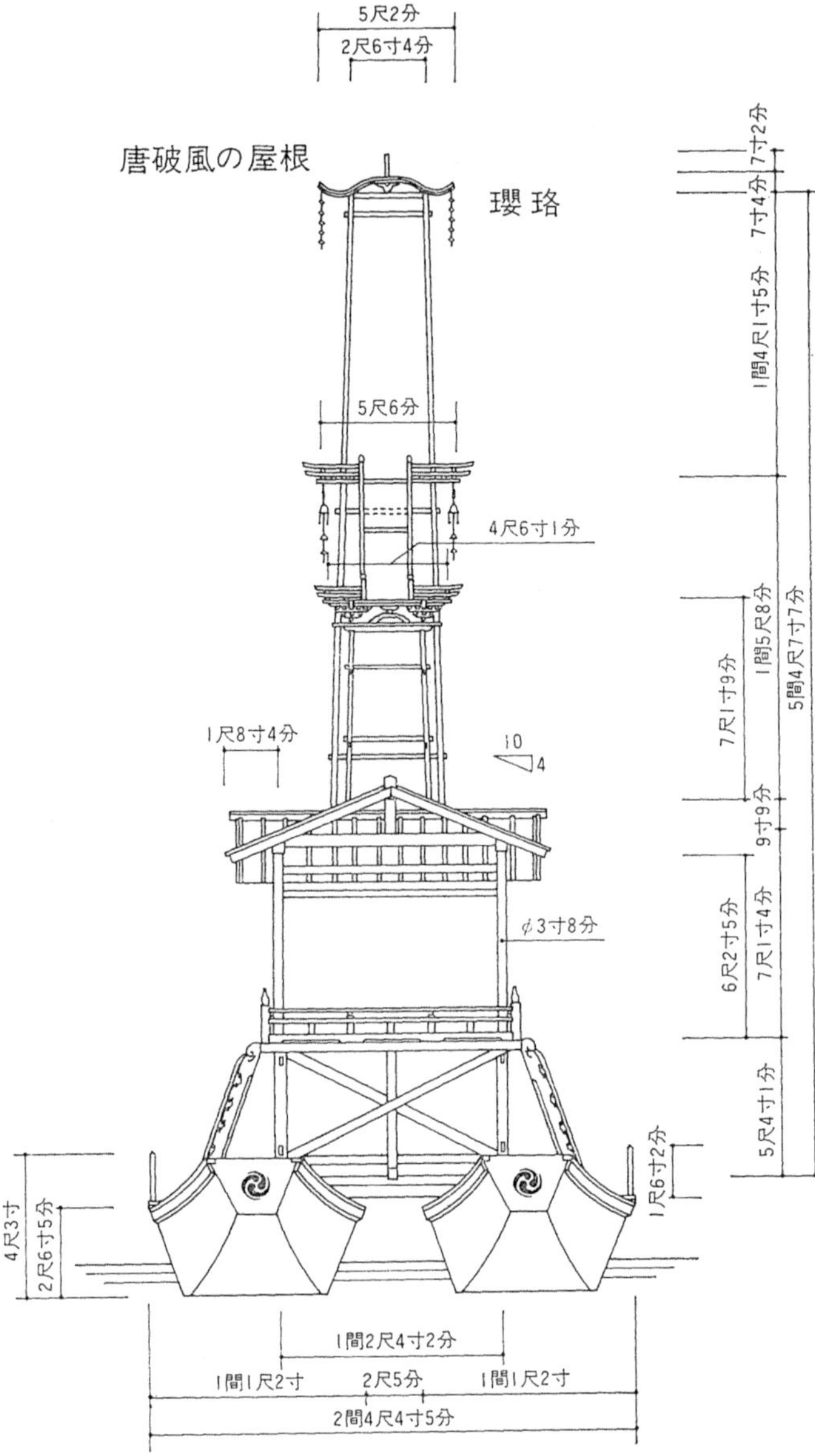

出典『佐屋町史　史料編二』

屋台正面図

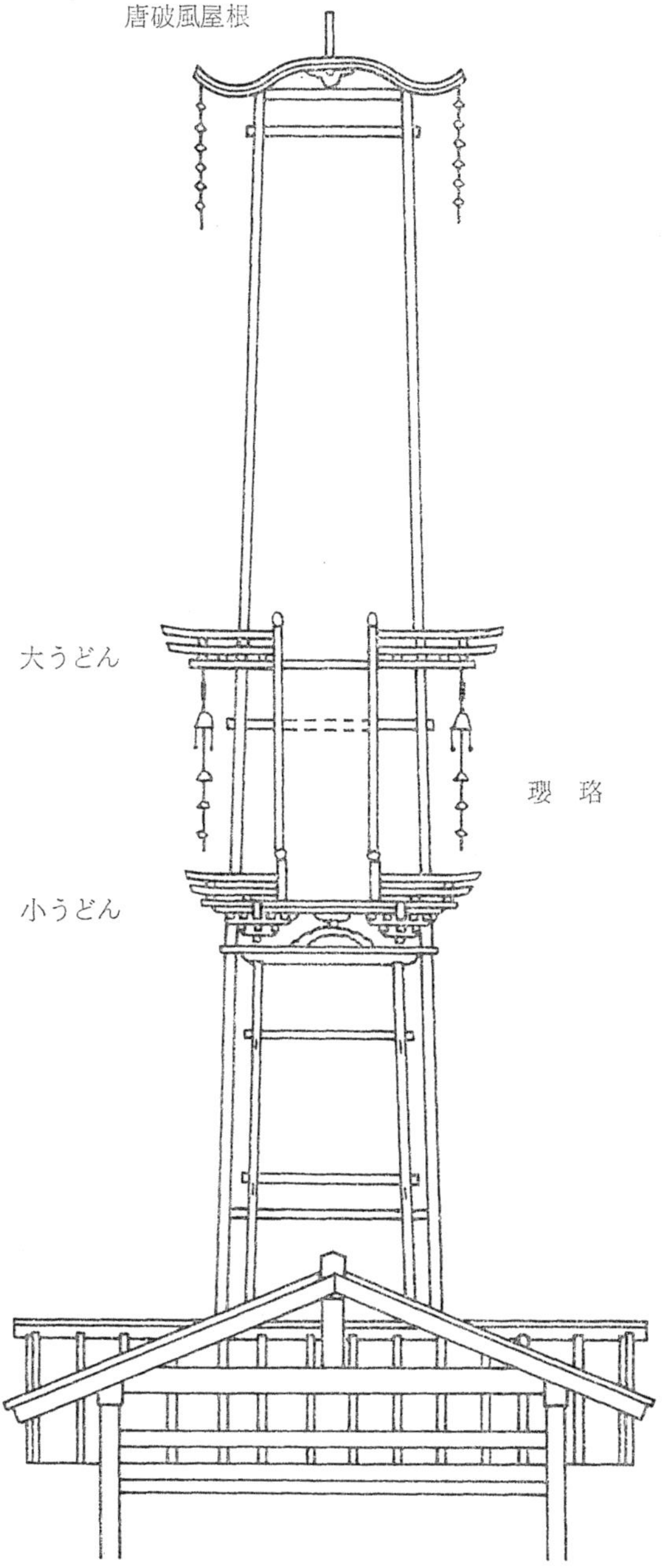

出典『佐屋町史　史料編二』

市江車側面姿図

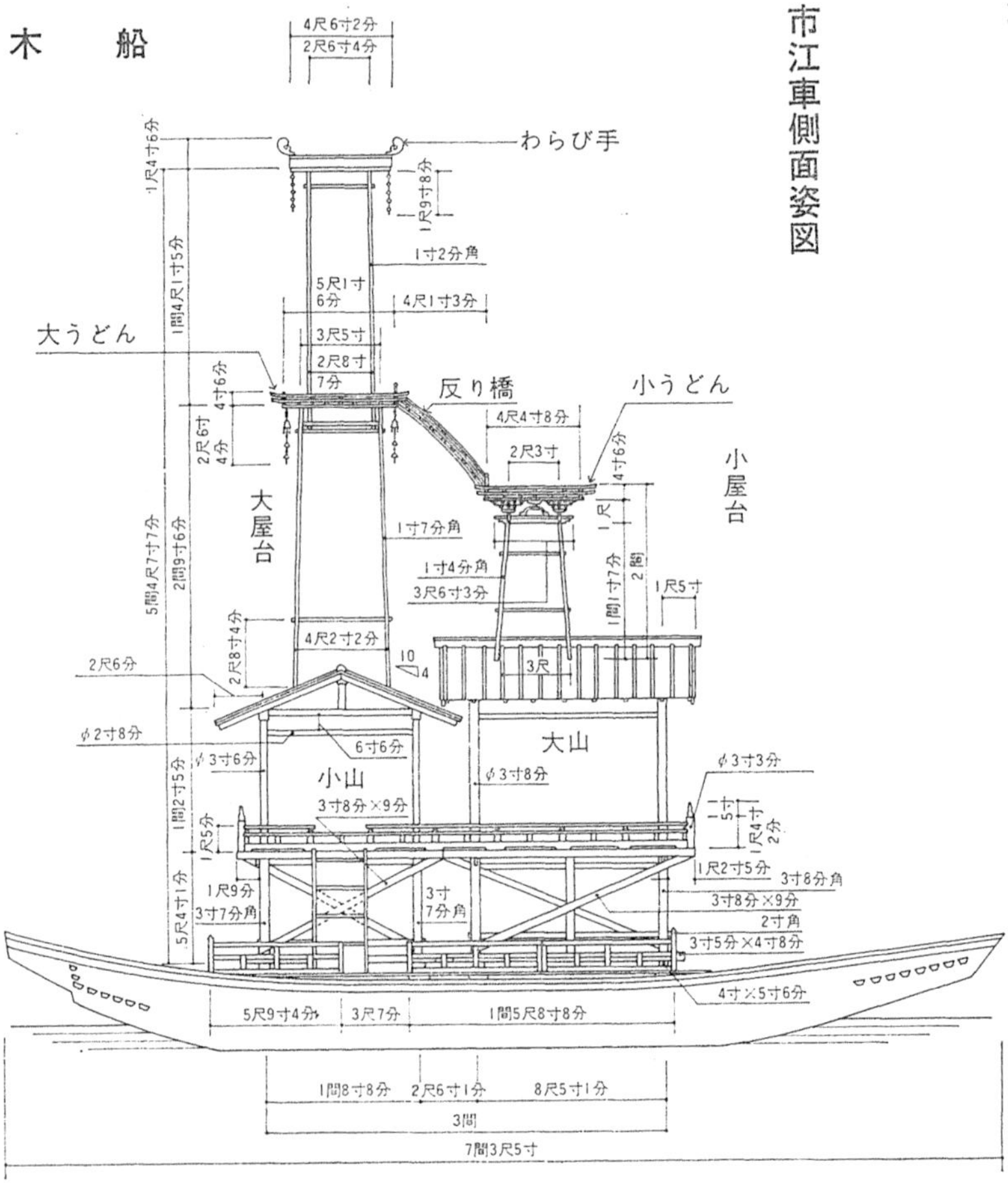

出典『佐屋町史　史料編二』

図第七　津島車・屋台骨組（背面）

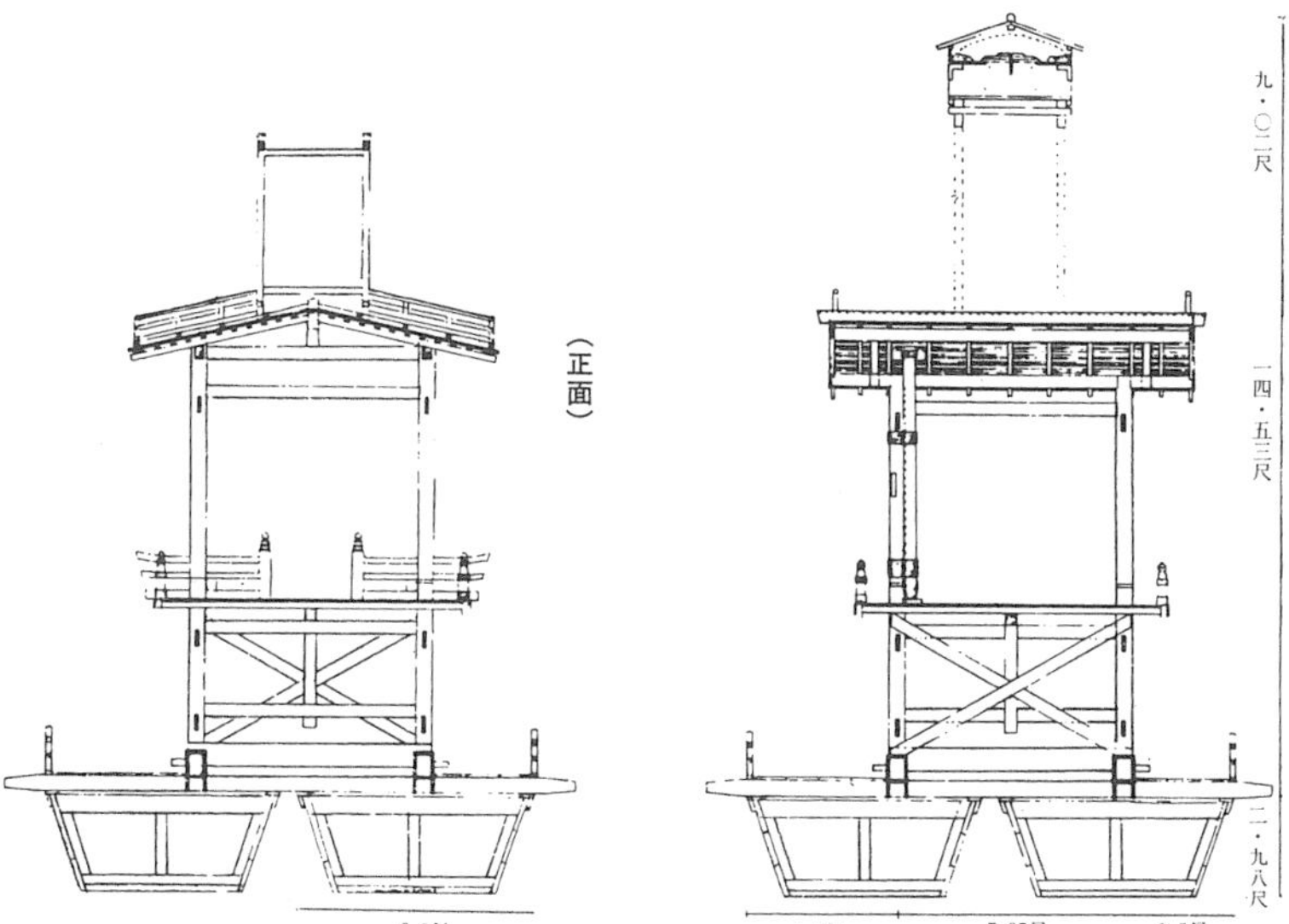

横断面図　　横断面図

図第七　津島車・屋台骨組（側面）

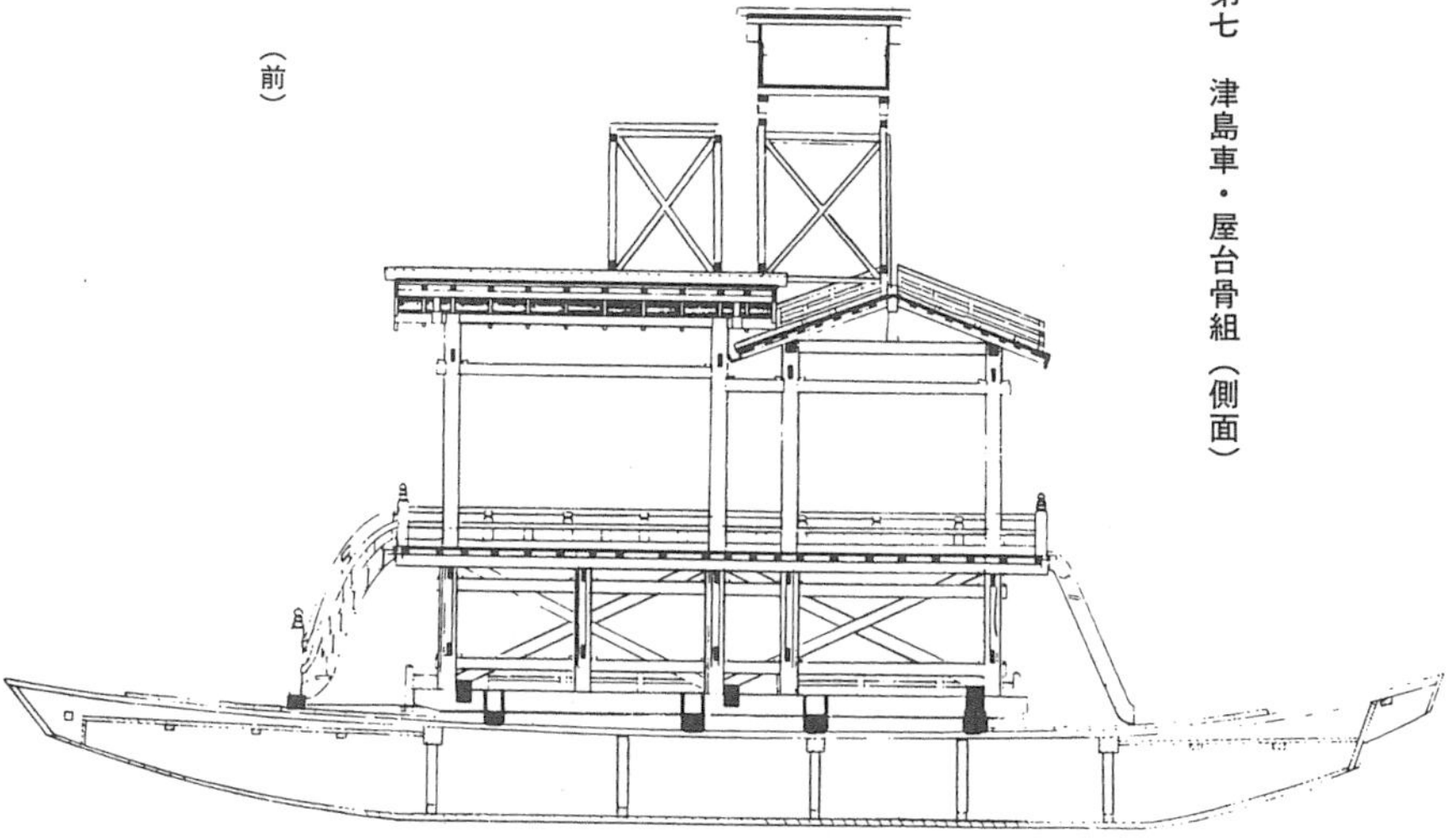

縦断面図

出典『無形の民俗資料記録津島祭』

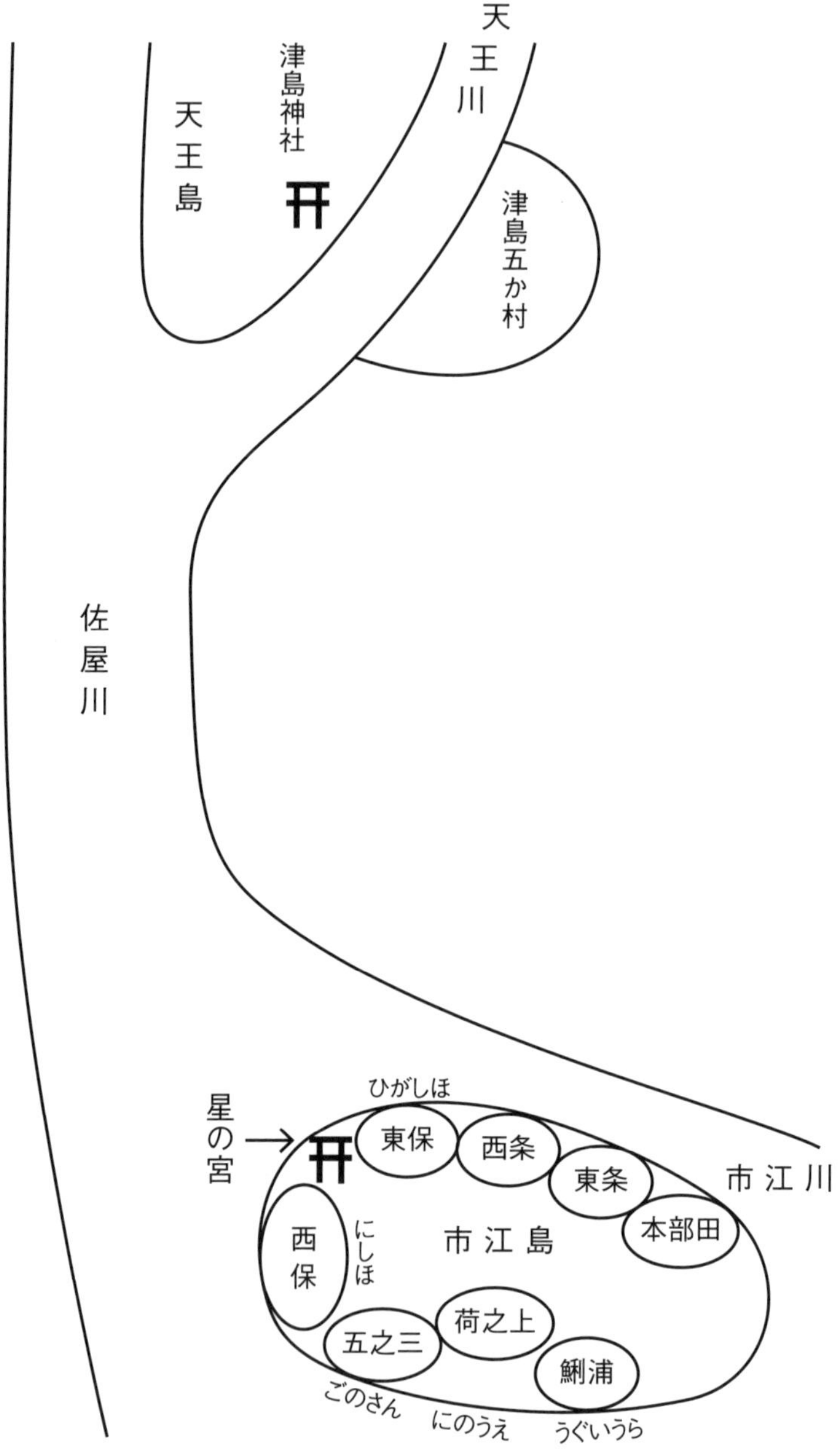
天王川
津島神社
天王島
津島五か村
佐屋川
星の宮
東保《ひがしほ》
西条
東条
本部田
市江川
西保《にしほ》
市江島
荷之上《にのうえ》
五之三《ごのさん》
鯏浦《うぐいうら》

中世の津島村と市江島

はじめに

尾張津島天王祭とは愛知県津島市の津島神社と天王川公園で行われる夏の疫病除けを祈願する祭である。

津島市の南に位置する愛西市東保町（旧佐屋町東保）からも一艘の祭船が出る。その船は旧市江村から出るので「市江車」と呼ばれている。

私は生まれてから二十四歳になるまで東保町で過ごした。私が高校生の頃は7月に入ると車屋宇佐美家で笛の練習が行われていた。夜、風を入れようと窓を開けると笛の音色が聞こえて来た。私の勉強のBGMは祭の笛の音であった。また祭の二週間前になると斎竹と呼ばれる結界を示す竹が通学路上に立てられた。祭の期間中はキュウリを食べることが禁じられ、祭は空気のように身近で当たり前の存在であった。

やがて、昭和55年に『佐屋町史　資料編二』が発行され、著者の加藤安雄先生が月に一回、内容を解説される勉強会が行われた。当時私は二十一歳で、最年少の受講者であった。

その後、結婚し、東保町を離れると祭とは疎遠になった。しかし、故郷を離れて二十年以上たつと、自分のアイデンティティについて考えることもあった。それで津島の歴史や津島天王祭について研究している津島市の天王文化塾や史談会に参加させていただいて勉強することにした。

そこで天王文化塾の機関紙に寄稿することを勧められ「大山のおけるハヤブサ」について調べたこ

とを掲載していただいた。このことが祭についてまとめるきっかけになった。

祭について調査研究するためには、その時代背景や祭の伝播などにも詳しく知らなければならないことに気づいた。そのため、祭以外の勉強をする必要性を感じ、各種の講座で、祇園祭や日本人における怨霊思想、能楽、荘園制度、保元の乱などについて学んだ。また、愛知県の祭、特に津島天王祭に類似した祭を学ぶため鬼頭秀明先生の講演会を何度も拝聴し、ご教示を仰いだ。長島一向一揆について学ぶため播磨良紀先生の講演会も拝聴した。参考になると考えられる著書や論文はできる限り読んだ。

自分としては、最大限の努力をして津島天王祭の市江車の起源をまとめることができたと考えている。

さて、調査を進めていくうちに、市江の祭（神事）を考える上で重要なポイントがいくつかあることに気づいた。

一、祭の創始の時期は文治年間（１１８５〜１１９０）ごろ
二、祭の創始者・主宰者は黒宮氏
三、長島一向一揆時に祭は中絶、数年後に新しい四家により再興
四、市江車の腰なげしに付けられた下がり藤の紋
五、市江車にだけ許されている唐破風の屋根
六、神事の会場の星の宮

これらのことを考えていくうちに、市江庄が平安時代には藤原頼長領であったことを知った。藤原

頼長と前述の六点が繋がった時、市江車の謎が一気に解けた。「これだ、これに違いない。」

その後は、数学の証明のように論理的に矛盾が無いかを積み上げていった。そして矛盾が無いと確信した。このことを自分の中だけに埋もれさせているのはもったいない。このような考え方もできることを多くの人に知って欲しく思った。その願いを込めて、この著書を世の中に出すことを決心したのである。

本来の市江の祭は、祭の主宰者である黒宮氏の討伐により、わからなくなってしまった。しかし、その後祭を再興した四家などに残る各種の「市江祭記」の記述から、祭の起源や歴史を推測してみた。他に資料が残ってないので、私の推測は当たっているかどうかわからない。しかし、全く矛盾が無いので、自分としてはこの推測は正しいと信じている。胸を張って、この著書を世の中に出し、津島天王祭、特に市江車について考えていただく一助になれば幸いだと考える。

この著書における注意点をいくつか挙げる。

一、「市江祭記」について。「市江祭記」は五冊が確認されており、この著書の中でも何度も取り上げている。「市江祭記」については『佐屋町史　資料編二』に詳しく解説されているので、そちらを参照されたい。また、この著書の中で取り上げるときは、『佐屋町史　資料編二』の分類と同じとした。その方が参照するときにわかりやすいと考えたからである。ちなみに「市江祭記」は

①黒宮家本

②服部家本㈠

③服部家本㈡
④宇佐美家本
⑤佐藤家本

の五冊がある。

二、「船」の表記について。ユネスコの無形文化遺産に登録された名称は「尾張津島天王祭車楽舟行事」である。しかし、車楽を組み立てる時、舟二艘を使って双胴船にしている。双胴船に組んだ時点で既に「船」になっている。そのため、この著書の中では一般的な「船」という言葉を使用した。

三、数字の使い方について。日本語で縦書きする論文で年月日を書くときには、漢数字を使うのが一般的であるが、この著書の中ではあえて算用数字（アラビア数字）を使用した。その方がわかりやすいと考えたからである。

尾張津島天王祭　歴史と起源を考察する
―市江を中心に―

第一章　津島天王祭とは

津島天王祭とは愛知県津島市にある津島神社の夏祭で、正式名称は「尾張津島天王祭」という。以下は略して津島天王祭と表記する。

昭和38年（1963）までは、旧暦の6月14日・15日に行われていたが、現在は新暦の7月第4土曜日とその翌日の日曜日に行われている。

津島神社は、江戸時代までは津島牛頭天王社と呼ばれ、牛頭天王が祭神であった。牛頭天王とは、神仏習合の神で、インドの祇園精舎の守護神とされる。病をはやらせる疫神だが、丁重に祀れば、かえって災厄から守ってもらうことができるとされ、病を退散させる神と考えられた。かつては京都の八坂神社も牛頭天王を祭神をとしていた。そのため、名称も祇園社・祇園感神院（祇園社の別当寺）と呼ばれた。「西の祇園、東の津島」と言われるように、八坂神社と共に、夏の疫病を退散させ鎮める神社として有名である。津島神社の分社も氏子も日本各地に多く分布している。

津島天王祭は、古くは川祭、夏祭とも呼ばれ、通称は津島祭という。豪華な船の装飾が有名で、江戸時代には、多くの津島祭図屏風が作成されたほどである。また天保8年（1837）に作成された『尾張祭礼図番付』では西の大関とされ、人気のある祭であったことがわかる。

祭は、大きく三つの行事に分けられる。

一つ目は、津島神社の神事。二つ目は、氏子地区である市江地区から出される市江車行事。三つめは、同じく氏子地区である旧津島五か村から出される津島五車行事である。

市江車、津島五車とも名称には「車」が付くが、実際の形態は「船」である。二艘の船を横に並べてつなぎ、双胴船とする。その上に囃子方などが乗る屋形を載せる構造となっている。

現在の祭は、七月の第四土曜日とその翌日曜日行われている。

土曜日に行われる宵祭には、津島の五艘の船は出るが、市江からは船は出ない。

津島の五艘の船は、それぞれ提灯《ちょうちん》を飾り付ける。それを巻藁船《まきわらぶね》と称している。その名称の由来は、提灯を半球形に飾り付ける時に、坊主と呼ばれる土台に、提灯をつるした竹竿を差し込んでいることによる。この坊主は、もともと藁を固めて縄で縛り付けたものであった。そのため、巻藁船と呼ばれるようになったと推察される。

提灯の数は四百個以上で、当番車を先頭に、五艘すべてが船を飾り付ける場所である車河戸《くるまこうど》を出て、津島神社の大神様が乗っている神輿が安置されている御旅所まで往復する。その時に奏でられる囃子と提灯の灯りの美しいハーモニーが、人々の心を魅了し祭のクライマックスとなる。

津島の五車は宵祭が終わると、徹夜で船の模様替えをする。提灯やそれを支える坊主や幕などを下ろし、朝祭の飾り付けに変えるのである。

朝祭には、津島の五車に加え、市江車も一艘加わり、合計六艘の祭船が出る。大屋台と小屋台を屋形の上に載せ、そこに一体ずつ合計二体の能人形を飾る。屋台の屋根には、幕や裾を上にしてさかさまに掛けた小袖を飾る。船の前方左側には白梅、右側には紅梅を飾る。市江車は後方に、津島五車は前と後ろに松の枝を飾る。屋台には、児《ちご》・囃子方などが乗り、美しい囃子を奏でながら、御旅所まで漕ぎ進める。

この時、先頭を行く車は市江車と昔から決まっている。市江車には十本の布鉾が載せられている。天王川公園の池の途中まで来ると、十人の鉾持ちと呼ばれる青年が鉾を背負い、池に飛び込み、泳ぎ、上陸すると走り、津島神社に鉾を奉納しに行く。

この鉾は津島五車には載せられておらず、市江車の特質である。市江の祭の目的は、この鉾の奉納であることが推測できる。

この後、市江と津島の児や車屋など祭関係者は行列をなし、津島神社へと向かう。神社では神前奏楽と児杯が行われ、氏子が主体の祭は終了する。

この後からが、神社の神事となる。この日の深夜「神葭流《みよしなが》し」という神事が行われる。この神事は津島神社の神職の手によって行われる。

津島神社の本殿内陣に一年間安置されていた「真《しん》の神葭」と今年刈り取られ外陣に安置されていた神葭は、白衣の神職によって出され、天王川に運ばれる。ここで二艘の赤船に載せられ、天王川へと漕ぎ出される。川の中央に差し掛かると赤船は左右に分かれ、神葭は水中に放たれる。天王川が海につながっていたころは、引き潮を利用して海へと流そうとした、と考えられる。葭に着けられた疫病や災厄を海の彼方に流し、祭は完結するのである。

この三つの行事を総称して「尾張津島天王祭」と称する。

津島五車から出る巻藁船

坊主の上に金輪をかぶせたもの

金輪

出典：黒田幹夫『津島天王祭りの巻き藁風流とその展開』

第二章　市江車の特質とは

一　市江車の特質

次に市江車の特質について考えてみよう。
以下に挙げる十点が大きな特徴といえる。
一、必ず先車（先頭を行く船）であること。津島五車は必ず市江車の後に行く。
二、宵祭には出ず、朝祭にのみ出る。
三、船の上には布鉾十本が載せられており、鉾持ちの手によって津島神社に奉納される。この布鉾は市江車特有のものであり、津島の五車には載せられていない。
四、天王祭に出る車（船）の中で最も大きく、津島五車よりも一回り大きい。
五、江戸時代には市江車は津島の車より格上と考えられていた。

現在はそうではないが、江戸時代に津島神社のある向島の波止場に着船する折、最も広い場所を確保されていた。「幅三十間の内、上半分は市江分、祭車は着き切り。後世波止場十五間に狭り、上座七間半は市江分とす」（「市江車記録」[1]）とあり、波止場（船着場）の上座半分を市江車一艘で使い、下座半分を津島の車が使った。その当時は津島は車楽五艘と大山五艘と合計十艘出ていたので、市江車はかなり優遇されていた。

六、市江車の置物（能人形）を置く大屋台の屋根が唐破風《からはふ》である。

この唐破風の屋根を使うことは、市江車の特権であり、他の車には許されない。江戸時代に津島の二車が唐破風の屋根に改めたところ、市江車が訴え出てその屋根を元の形にもどさせ、また他の三艘も唐破風にしないように御国奉行から通達があったことが伝えられている。(2)

七、市江からは車楽船一艘が出るだけで、大山は出ない。

朝祭りには、明治5年まで、津島五か村から車楽（現在の津島五車の祭船）の他に、幕三段で作られた大型の山を表した大山（津島に残る記録では、「山」と記載されている）が、各村に一艘ずつ合計五艘出されていた。しかし、市江からは出された確実な記録は無い。

市江車の唐破風の屋根

八、徳川家康から寄付された品物がある。(3)

寄付された年は、慶長19年（１６１４）、慶長20年（１６１５）の記録があり、この頃に寄付されたと考えられる。この品は、「神君様御寄附物《しんくんさまごきふもの》」と呼ばれている。津島五車には尾張藩主からの寄付の品はあるが、家康からの寄付は無い。家康から市江車への寄付の品は、金襴唐織の小袖が六枚、能人形用のそばつぎが(4)一枚、太鼓の胴掛け（太鼓を載せる台）が一基である。小袖が一枚のみが現存している。

九、行列を歩みながら、奏楽をする。

古くは星の宮での神事の後、船が出る波止場まで囃子を奏しながら行列を進めて行った。天保14年（1843）に書かれた「津島天王六月御祭礼市江御車古格式　全」（『佐屋町史　資料編二』）によれば、星の宮出発について、天保14年（1843）には次のとおり記録がある。

星宮ゟ御車迄、途中囃子之次第、大門西へ入、廻リ戸ガク　ヤ　ホ　ハ　西保村屋敷江取付頃セメ　ホ　ヲ　善定坊前　ガク　北江行人家ヲはなるる頃、セメ、以上四度也。

ちなみに「ガク」は神前で演奏する時の曲、「セメ」は神前でも演奏するが、行列や船が前進する時に演奏される曲の名である。「ヤ　ホ　ハ」や「ホ　ヲ」は演奏中にかけられる掛け声であるが、現在も「ガク」の時、「ヤ　オ　ハ」や「ヤ　オ」の掛け声が聞かれる。

現在も星の宮を出発して、しばらく「セメ」の曲を演奏しながら行列は進む。その時は、笛の演奏に合わせ、一人の人が、締太鼓を左手に持ち、右手でばちで打ちながら、「ヤ　オ　ハ」と掛け声を掛けながら、行列を進めて行く。

現在は星の宮からくひな会館（愛西市佐屋町）まで徒歩で行列を進め、そこから人はマイクロバスで、人形や布鉾や飾り花などはトラックで、祭り会場である津島市の天王川公園まで運んでいる。

十、祭に伴う精進潔斎が厳格である。

津島では、江戸時代までは女人禁制であったが、現在は児の母親も祭船に乗ることができる。これは、もともと「うんば」と呼ばれていた、いわゆるばあやが稚児の面倒を見るために船に乗ったのが始まりである。高齢の女性であるので、「血の穢れ」の心配が無いことから始まった、と考えられる。

一方、市江では、現在も女人禁制をかたくなに守り通している。女性には、「血の穢れ」があるので、神事に参加できないのである。そのため、祭船にも母親は乗らず、父親が稚児の面倒を見ている。

それだけではなく、車屋を始め、鉾持ちなど祭に参加するすべての人々が身を清め、家庭環境を清浄ににし、食生活にも留意している。特に、車屋の服部家では、門に「清火也、不浄の輩入るべからず」と墨書した紙が貼り付けられ、食事も獣肉類、ねぎ・たまねぎ・らっきょう・にらなどの匂いの強い野菜類、切り口が津島神社の社紋の似ているきゅうりは食べないようにしている。

昭和のある年代までは、鉾持ち衆が一つの家に合宿し、精進潔斎の生活を送ったという。それは「穢れは火を介して移る」という考えがあったからである。そのため、女性が作った食事も食べられなかった。それで、男性が自分たちで調理などをして、女性と接触しない生活をしたのである。

また、祭の期間中に人が死んでも、祭が終わるまで葬式は出してもらえなかったという。葬儀に参列すると、「死の穢れ」が移るため、祭に差し障りがあるからだという。

女人禁制は、現在の京都の祇園祭の鉾でも行われている。長刀鉾は、祇園祭で唯一「生稚児《いきちご》」を出しているが、この稚児の母親も長刀鉾には乗れず、遠くから見守るだけである。山鉾巡行の四日前から、稚児は厳重な潔斎に入る。入り口には注連を張って不浄を却け、食事も男手で賄われる。また観光客を上らせて見学できるようになった鉾もあるが、まだ女性は上れない鉾もある。

津島天王祭では、津島地区では精進潔斎はほとんどされていないが、市江では祭に伴った精進潔斎がまだ守られている。しかし、時代の変化と共に、以前ほど厳しくなくなっているようである。

（1）『佐屋町史　資料編二』一四頁。
（2）『無形の民俗資料記録　津島祭』八三頁。
（3）「津島天王六月御祭礼古格式　全」『佐屋町史　資料編二』一七七頁。
（4）そばつぎ〔傍続・側次〕袖なし脇明（わきあけ）で、前身（まえみ）と後身（うしろみ）の裾を襴（らん）でつないだ上着。金襴などで作る。上級武士の常服であるが、時には軍陣で鎧の上に羽織る。能装束としては、武装の侍、天部の神、唐人に用いる。（『広辞苑』）

二　鉾について

次に、市江の鉾について考えてみたい。市江車には、十本の布鉾が載せられている。布鉾とは、『佐屋町史　資料編二』の解説によると、長さ一間四尺（約三メートル）の青竹の上部を割り、椹《さわら》材製の剣型三本を図のように麻ひもで縛り、その下部に青竹と直角に二尺程度の青竹を括り付け、この竹に一反の晒布を折り返し、二重にして取り付けたものである。(1)

この布鉾は、朝祭の時に、市江車と呼ばれる車楽船《だんじり》に載せられて天王川をさかのぼり、十人の「鉾持ち」と呼ばれる愛西市東保《ひがしほ》町在住の男性によって、津島神社に奉納される。ただし、津島五か村の車楽船には鉾は載せられていない。

私は、この布鉾が、市江車を考える上での大きな鍵になると考えてきた。

布鉾は津島にはなく、市江にだけある。市江の祭の一番の目的は、布鉾を津島神社に奉納することである。この鉾が無かったら、市江の祭は成立しない。それほど、市江にとって鉾は重要なのである。

それで、私は市江の鉾の謎を解くために、他の祭における鉾についても調査し、考察してみた。

鉾といえば、京都の祇園祭の山鉾の鉾が最も有名である。名は鉾といえども、高さ約二十五メートル、重さ約十二トンの巨大な祭屋台である。真木と呼ぶ長大な柱を中心に屋形を組み、それに車をつけ、曳きまわす形態のものである。

実は、この祇園祭の鉾も、もとを正せば、いわゆる武具の鉾であった。『祇園社本縁録』によると、貞観11年（西暦８６９年）に、当時の日本の国の数である六十六本の鉾を神泉苑に奉納したことが祇園祭の始まりであるという。この時の鉾は、現在の祇園祭の山鉾の鉾のように巨大ではなく、武具としての大きさの鉾であったらしい。

ところで、鉾とはどんなものであろうか。現在、突き刺すための武器は、鑓（槍）のほうがよく知られており、鉾の存在は皆無に近い。それなのに、なぜ天王祭の市江車の布鉾は鉾と呼び、鑓と呼ばないのだろう。

その疑問を解くために、まず鉾と鑓について考えてみた。以下は『日本大百科全書　二十三』　鉾の項からの抜粋である。

鉾とは敵を突き倒すための武具である。古墳などに広幅で刃もない青銅製の非実用なものが副葬され、かつ古事記、日本書紀に天沼矛《あめのぬのぼこ》の島生みの伝説があるように神秘的、宗教的な性格もあった。片手に盾を持ち、右手のみで鉾を操作するため、柄はあまり長くなかった。片手操作を原則としたためか、戦闘が漸次、熾烈になる平安末期ごろから、両手で全力でなぎ切り、突くことのできる長刀や中世の槍に、その座を譲ることになる。

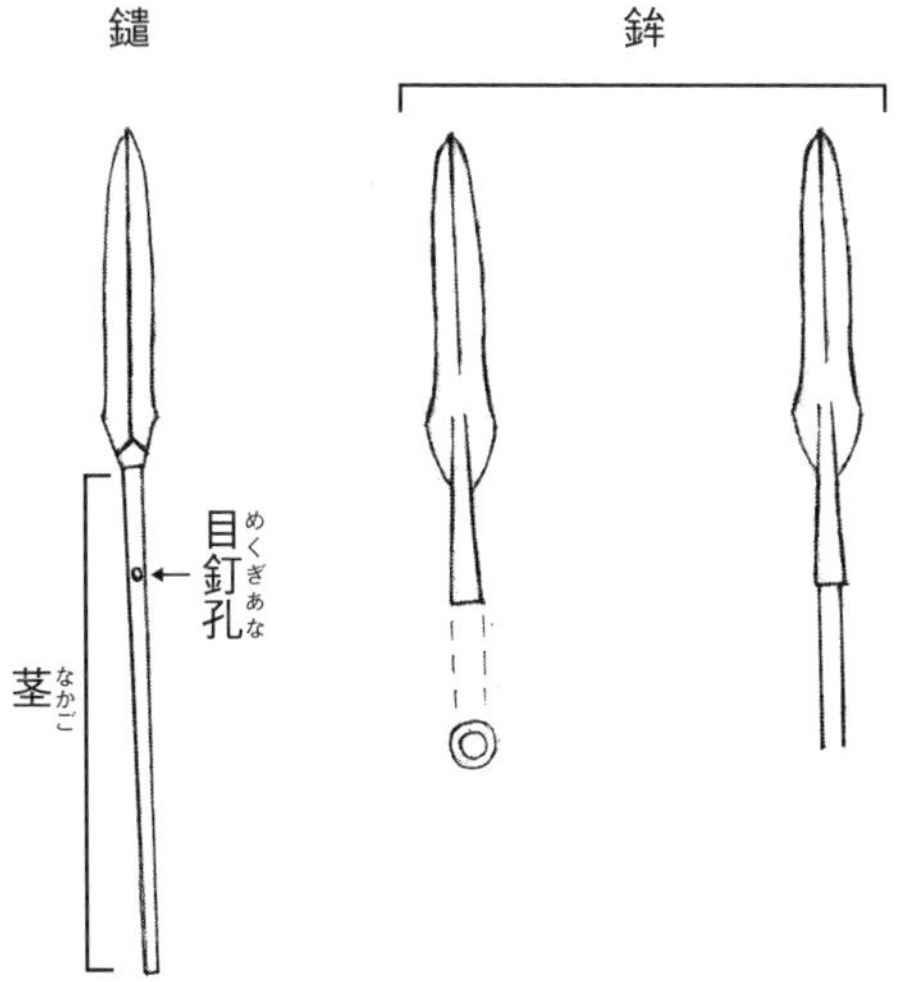

鉾と鑓の図

また、鉾は茎《なかご》が無く、穂袋に柄を差し込んだ。そのため、相手に柄を切り落とされることもあった。鑓の茎が長いのは、切り落とされない工夫だとも考えられる。

鉾の弱点を補うため、長刀や鑓が実用的な武器となり、鉾は古代からの神秘性・宗教性が重んじられ、神事・祭礼などに残ることとなったと考えられる。

ちなみに、鑓の名称は「突《つ》き遣《や》る」が訛って「突き遣《やり》」になり、「鑓」になったと推測される。

鎌倉時代の古文書には「槍」という字が使われているが、これを「ほこ」と読むのか「やり」と読むのかは不明で、南北朝時代に書かれた『太平記』に「鑓」という言葉が使われてから、広くこの文字が使われるようになり、鑓（やり）という言葉が普及したと考えられる。

以上のことから、少なくとも平安時代までは突き刺す武器は鉾が主流であり、やがて長刀、鑓へと変化していったのであろう。

それでは、次に、鉾の歴史について考えてみよう。

森浩一氏は、鉾について次のように述べている。(2)

> 鉾は本来中国では武器だったが、弥生時代に北部九州で制作されはじめると間もなく巨大化した祭器として制作されるようになった。仮に中国人がこの鉾を見たとしても理解できないような人を突きさす機能を失った武器型の祭器となっていたのである。余談になるが、『魏志』倭人伝のころにはこのような巨大な銅鉾が使われていたと推定される。このような祭器化した銅鉾を考古学ではキッサキ（鋒）が鈍くなったという意味で広鋒《ひろさき》銅鉾とよんでいる。（中略）広鋒銅鉾は北部九州、特に対馬に多く、なかには神社の神宝になっているものもある。北部九州のほかでは四国の西南部でも約八十本出土している。ここで四国の南西部というのは愛媛県南西部と高知県西部である。

つまり、鉾は本来中国から伝わった武器であったが、まもなく日本で独特の進化を遂げた。キッサキを大きくし、巨大化した祭器としての鉾も作られるようになったのである。

　さらに、森氏は驚くべきことを述べられている。高知県高岡郡窪川町（現在は四万十町）にある高岡神社の秋の祭礼に、弥生時代後期に作られた広鋒銅鉾が、現在も実際に使われている、というのである。

　早速、高岡神社に問い合わせてみた。すると、2012年現在、11月の秋の例大祭で、実際に弥生時代の五本の広鋒銅鉾が祭の行列に使われているという。以下は高岡神社からいただいたリーフレット『高岡神社　伝記抄略』の鉾の解説の部分の抜粋である。

高知県高岡神社・秋祭での銅鉾
（1990年11月15日撮影）
出典：森浩一『京都の歴史を足元からさぐる〔洛東の巻〕』

　現在残存の主な宝物
一、天之広鉾（あめのひろほこ）
弥生式文化時代の中～後期（約二千年前）祭具用に作られたもの。長さ二尺八寸七分（約八十七センチメートル）巾三寸九分（約十一、八センチメートル）四寸二分（約十二、七センチメートル）のものもある。総数五本　明暦三年十一月二十八日名主山崎惣八により奉納された。翌年

藩主の命により、工人渡辺小兵衛及び岡村兵次に命じて柄を造らせた。（以下略）

現在、その鉾は、高岡神社の宝物庫内に保管されている。（冒頭カラー写真1）弥生時代に作られた広鋒銅鉾が、現在の祭にも活かされている。弥生時代の祭祀の精神が現代にも引き継がれているのかもしれない。

また、森氏によると、滋賀県水口町の儀峨《きが》大宮ともいう八坂神社の祭礼には、五つの村の象徴である五本の鉄鉾が使われていたそうである。(3)

他にも、宮崎県東臼杵郡美郷町（旧南郷村）にある神門《みかど》神社の本殿屋根裏から平成9年（1997）4月に一〇〇六本の鉾が発見された。鉾型や作りからして実用品ではなく、神に奉納されたものと考えられる。年号が記されたものは、長禄3年（1457）、天文9年（1540）、天文13年（1544）、慶長9年（1604）などであり、すべて十二月吉日の日付が記されている。現在の師走祭の時期にあたることから、祭の起源を遡る物証とも考えられる。(4)なお現在は、師走祭に鉾の奉納はなく、江戸時代に中絶したものと考えられる。

次に、現在の京都市八坂神社（江戸時代までは祇園社）の祭礼である祇園祭について考えてみよう。言い伝えによると、この祭は「貞観11年（869）に行われた御霊会の時、神泉苑に六十六本の鉾を奉納した」ことが始まりであるという。

この御霊会は、東北地方にマグニチュード8・3の巨大な貞観地震が発生し、その十二日後に行われた。この貞観地震は2011年に発生した東日本大震災と同規模の地震で、千年に一度の大地震といわれている。東日本大震災と同等の津波の痕跡も確認されており、多くの犠牲者が出たであろうことが推測される。また、その年は京都で疫病が大流行したと記録にある。この年は東北でも京都でも国を揺るがすほどの危機が訪れたらしい。

六十六という数は、その当時の日本の国の数である。つまり、六十六本の鉾は日本の国六十六か国を表している。日本の国全てに付いた御霊を鉾に依り付け、神泉苑に流し、消滅させに行ったと考えられる。御霊とは無実の罪を着せられ無念の死を遂げた人によって生じた怨霊のことである。怨霊は

神門神社本殿での収納されていた状況

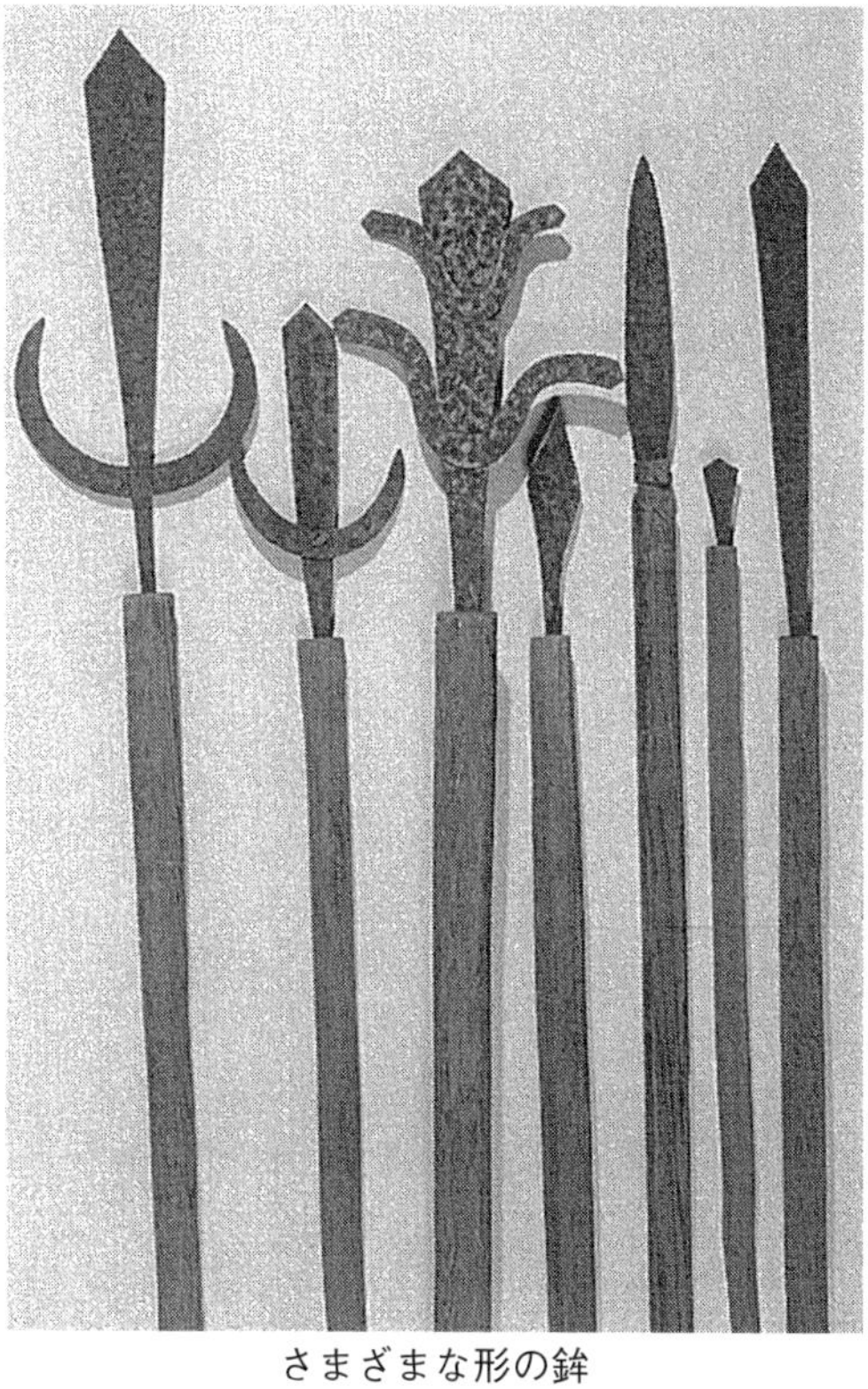

さまざまな形の鉾

出典：『日向南郷神門神社・木城比木神社の師走祭調査報告書』

鎮魂のために丁寧に祀られ、御霊と名称を変えた。御霊が生前の恨みから大地震や疫病の大流行を起こすと考えられたため、朝廷は御霊会で慰撫し、国家の鎮護を図ったと考えられる。

なお、神泉苑については、山田雄司氏が『跋扈する怨霊』で、以下のとおり述べられている。(5)

御霊会が行われていた場所が神泉苑であったことも重要である。神泉苑には龍神が住んでいて異界との接点であるとされ、かつ龍宮《りゅうぐう》への入口でもあって、龍王がここから現世に出入りすると思われていたようである。『今昔物語集』巻第十四「弘法大師、請雨経法を修して雨を降らせたこと第四十一」には、空海が神泉苑に善女龍王を勧請して雨を降らせたことを記している。また『続古事談《ぞくこじだん》』第四神社仏事や『続日本紀《しょくにほんぎ》』巻第七述義三神代上には、祇園御霊会の行われる祇園社の下には龍宮に通じる穴があったと思われていたことが記されている。怨霊と龍宮あるいは龍とは深い関わりを持っており、異界に住む怨霊と交信するにはこうした場所がふさわしかったのである。

以上のことからも、当時、神泉苑は神聖な水の祭祀場と考えられていたことがわかる。近年の神泉苑の発掘調査では、祭祀に関係する木製などの遺物が数多く出土し、まさにその考えを証明している。ちなみに、現在でも八坂神社（祇園社）の本殿の下には穴があり、神泉苑につながっていると伝えられている。

以上のことから、鉾は祭祀の重要な祭器であり、奉納する鉾の数は村や国などの数を表すものと考えられる。

次に、現代の京都の祭に出される鉾について考えてみたい。

鉾は二種類に大別できる。神社が出す鉾と氏子である民衆が出す鉾である。

神輿渡御の行列には神輿の前に鉾が付随する。この鉾は神社が出す鉾で、幸鉾《さいぼこ》という。幸鉾は神輿が通る道を清めるという働きをする。この鉾は神輿とともに神社側から出す鉾で、後述する民衆が出す祇園祭の鉾や上京の剣鉾と区別しなくてはならない。

また現代の京都の民衆の出す祭の鉾は、二種類に大別できる。一つは、下京の祇園祭の山鉾の鉾である。もう一つは、上京とよばれる京都市北部を中心に出される剣鉾である。（冒頭カラー写真2―A～2―C）

幸鉾
神輿に付随する鉾
津島天王祭朝祭神輿還御の行列
2019年　津島神社にて

山路興造氏の「剣鉾祭りの歴史と性格」(6)では、京都における鉾の性格と種類を詳しく述べられている。わかりやすい説明なので、そのまま抜粋する。

伝染病が流行れば多くの人々が死ぬわけで、医学の発達した現代では、その原因は病原菌が蔓延すると分かるのですが、当時の人たちは、その原因を霊の祟りと考えたのです。ですから、それらの霊に「御」という敬語を付け、「御霊」として祀ったわけで、平安京では平安時代を通じて、この霊を慰撫する祭りが、あちこちで行われています。（中略）
しかしあちこちで御霊を祀り慰撫しても、伝染病による死者は無くなったわけではありません。ただ四条大路の東山のどんつきにある祇園社が執行した御霊会は効果があった。そこで平安時代中後期以降は、もっぱら御霊会の中心の一つが祇園社の御霊会になります。天皇はじめ貴族たちはこの社に荘園などを寄進し、相当な経済的な援助をして、祇園御霊会を盛大な祭りとします。これが祇園御霊会の始まりです。平安時代後期の祇園御霊会は、三基の神輿が神泉苑に渡御するという形態を取っており、その時の行列の様子は平安時代末期の『年中行事絵巻』に書かれています。祇園御霊会の神輿渡御の行列の先頭には鉾が描かれています。この鉾を後の祇園祭りの山鉾の源流だと考える人がいますが、それは違います。これは、あくまでも幸鉾《さいぼこ》とよばれる鉾です。このときの神輿行列には、この鉾を先頭に獅子舞が出ており、他にも王の舞、巫女、細男《せいのお》、駒形稚児などが出ています。
この先頭を行く鉾は、四神鉾とか幸鉾とか言われている鉾なのです。これは、祇園御霊会だけではなくて、平安時代以降ずっと古い祭礼行列には、必ず出ています。（中略）
京都の平安時代に始まる御霊を慰撫する祭礼、祇園社を中心とした神輿渡御には、獅子舞、田楽、巫女、王の舞など、専門の芸能者が供奉し、幸鉾が先頭を行くわけですが、これは平安時代中期以降に始まる典型的な祭礼形態で、祇園御霊会のみの特色ではありません。その行列の先頭には、神輿道を祓う鉾が出るのです。

御霊を慰撫する祭りとして平安時代に支配者層によって始められた祇園御霊会は、今日なお八坂神社の祭礼として神社を中心に行われていますが、それ以外に、南北朝期以降、町衆によって始められた疫神《えきじん》排除の祭礼があります。これも現在では祇園祭りと呼ばれていますから話がややこしくなるのです。

京都盆地で梅雨時に流行し、多くの死者を出す病気。これは何時《いつ》の時代でも変わることはありません。この病気の原因を、平安時代の為政者である貴族や天皇は、御霊の祟りだと考えたわけですが、しかし、鎌倉時代から南北朝期以降に徐々に京都の町中で経済力を増してきた人々、町衆たちは、その原因を御霊の祟りとは考えなかった。疫神という悪い神様が、自分たちの生活圏に蔓延することによって起こると考えたわけです。この疫神をどうにかしなければいけない、そこで考え出した祇園祭りが、きらきら美しく光る鉾に、疫神を集めるということだったのです。鉾を疫神の神座として、自分たちの生活圏をグルっとまわって、疫神を集め、最後にはそれを川に流したり焼いたり捨てたりして排除するという方式、これが町の衆の行った方式なのです。何もこの方式は京都の町衆の独創ではなく、実は庶民のなかに古くから伝承されてきた疫神送りの方式なのです。下京町衆が行った山鉾の巡行は、生活圏に蔓延する疫神を、光り輝いて目立つ鉾の集めて廻るのが目的であって、そのためには神座を美しく飾り立てることと、自分たちの街の隅々まで巡行させることが必要だったのである。

私は先ほど、現在、二つの祇園祭りがあると申しましたが、一つは八坂神社、元の祇園社ですが、祇園社を中心とした平安時代以来の神輿渡御を中心とした祭りです（祇園御霊会）。これには先程の絵画には四本の幸鉾が出ていましたが、この鉾は室町時代には馬上十二鉾とか十二鉾とか呼ばれ、現在でも神輿渡御についています。これは、あくまでも幸鉾の形態です。

それに対し、南北朝期以降室町時代に、下京の町の衆が時代たちの生活圏から疫神を集めて追いはらうという民俗的な祭りを始めた。これがもう一つの祇園祭りで、今でいう山鉾の巡行です。この二つの祭りは、目的は一緒でも、主体や方法が違う。ですから八坂神社の祇園祭りといっても、山鉾の巡行は八坂神社には一切行きません。あくまでも、古い時代の下京の範囲を隈無く巡行する。現在は四条通以南には行かなくなりましたが、本来は前《さき》祭りでは四条通より南を、後祭りで四条通よりも北の区域をグルっとまわる。鉾だけじゃなくて山も出ますが、鉾をグルっとまわして、疫神を集めて回る。ですから町衆の祇園祭りでだされる鉾は、疫神を集めるための神座なんです。ゆえに、自分たちの街に戻って来たらすぐに壊します。壊さなかったら意味がない。集めた疫神が再び拡散してしまうから、集めたものはすぐに壊す。本来は鉾柱の先端の鉾

祇園祭の鉾

頭が疫神を集めるための神座なのです。しかし、その下の方に榊があったり人形があったり、多くの神座が重層的に付せられてもいる。榊などは本来だったら、鴨川に流すとか焼くとかするのですが、現在は、そこまでやっていません。私が主張するところの二つの祇園祭りというのは、このように祇園社（八坂神社）を中心とした三基の神輿が渡御する平安時代以来の祇園御霊会と、南北朝期・室町時代に始まる下京町衆の疫神を集める鉾祭りと、二つの祭りが同時進行しているということです。（中略）

京都盆地の鉾祭りのなかでも、一番経済的に豊かであった下京町衆の鉾祭りが、本質は変えぬままに形態が大きく変化したのは、南北朝期に京都の新しい支配者として関東から来た足利将軍の作為によるものではなかったかと思われます。足利将軍は、町衆による一番大きな祭りである下京町衆の祇園会に新参者として、当時の流行芸能である曲舞《くせまい》を演じる車舞台を渡御させました。曲舞という芸能を演じる車舞台を寄付して、それを鉾祭りの巡行に加えたのです。この曲舞車《くせまいぐるま》と呼ばれる車舞台の屋根の上に、下京町衆は剣鉾を乗せて巡行させるという工夫をしたのが現在の鉾ではなかったかと考えるのです。これは実証する史料がないので今のところ想像の域を出ませんが、車舞台の上に剣鉾を乗せた形態が、現在の祇園祭りの鉾の形だと私は考えています。（中略）

鉾祭りに用いられる鉾（剣鉾）の機能は、疫神を集めるための神座であると思います。それゆえに、鉾は金属製で、長い棒の先で揺れて輝いている必要がある。鉾は、鉾差しによって自分たちの生活圏をグルっと巡回せねばならない。それが本来の目的なのです。（中略）

この鉾を差す祭りの本質は、古代の支配者層が疫病の流行を御霊の祟りと考えて慰撫したのに対し、中世後期の京都の民衆は疫神が蔓延するからと考え、それを生活圏から追い出すために、美しく輝いて揺れる鉾を神座として、自分たちの生活圏の疫神を集めてまわる。これが、鉾祭りの基本的な機能であったと私は考えています。

それ故に鉾祭りを行うのは京都盆地のなかの、御霊や牛頭天王（天王・素戔嗚尊）を祭神とする神社が基本であったということができると思うのです。それ以外で鉾祭りを行うのは、この祭礼の様式を自己の祭礼の賑わいとして取り入れた二次的な姿として、分けて考えたいと思うのです。

以上が前半部分であるが、この山路氏の論文を後半部分も入れてまとめてみた。

鉾

- 神社が出す鉾 ―― 幸《さい》鉾 ―― 神輿が通る道を祓う
- 民衆が出す鉾
  - 祇園祭の鉾
    下京地区から出す
    足利将軍が出した曲舞車《くせまいくるま》の上に鉾を付けたもの
  - 剣鉾
    上京地区から出す
    本来は御霊や牛頭天王を祀る神社の祭礼に出る
    疫神を依り付けやすくするために金属製のしなう鉾にした
    ↓
    その様子がきらびやかで美しいので、京都市内やその付近の神社祭礼でも本来の意味に関係なく出されるようになった
    江戸時代、江戸でも将軍家の威信を示すため、剣鉾が出されていた

これらのことを踏まえながら、まず剣鉾について考えてみよう。

剣鉾は、現在、京都市北部を中心に、二百数十本が確認されている。長さは六メートルから七メー

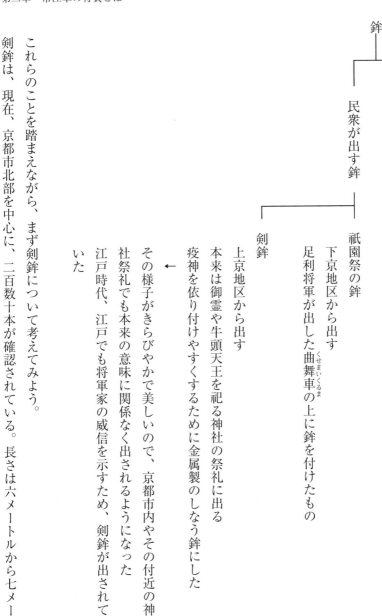

トル位と、鉾が巨大化したものである。

山路氏も、剣鉾について、自分たちの町の中の疫神を神座である剣の先に集め、鉾に疫神を集めるというやり方は、京都の民衆が御霊を祀る最も一般的な方式だったと述べられている。

また、剣鉾は神社が管理するものではなく、氏子が町単位、あるいは鉾仲間単位で一本の鉾を神社に奉納している。

この事例は、市江車の鉾についても同じことがあてはまると考えてもよいのではないか。市江地域にいる悪い疫神を鉾の先に依り付けて、最終的には津島神社に奉納すると考えられないだろうか。鉾十本というのは、その当時の市江庄の村の数、あるいは鉾仲間の単位と考えてもよいだろう。または、四方八方に(7)天地の二方を合わせて十方とし、この世の全て、という意味が込められているのかもしれない。

また、山路氏によると「鉾祭りを行うのは京都盆地の中の、御霊や牛頭天王（天王・須戔鳴尊）を祭神とする神社が基本であった。それ以外で鉾祭りを行うのは、この祭礼の儀式の賑わいとして取り入れた二次的な姿」と述べられている。

疫病や祟りを民衆が鉾に依り付け、御霊社や牛頭天王社に奉納することが、本来の鉾祭りの基本であった。しかし、そのきらびやかで美しい風流を取り入れるため、それとは全く関係のない神社の祭礼にも出されるようになったという。

それでは、剣鉾が出される祭について、いくつか挙げて考えてみよう。

延宝4年（1676）に書かれた『日次紀事《ひなみきじ》』に、その当時の京都の剣鉾について多くの記録が残されている。八月十八日の上下御霊社の記事では、上御霊社では神輿に付随する幸鉾が八本に対し、氏子が出す祭鉾が八本、と区別して書かれている。(8)この記事により、幸鉾と祭鉾（剣鉾）がはっきりと区別されていたことがわかる。

また、九月十六日の東岡崎正一位天王祭、現在の岡崎神社の祭では、剣鉾が七本出された。そのうち一本がいわゆる犬鷹鉾で、鷹二連と猟犬一疋が彩色された意匠である、とある。この鉾は現在でも残っており、金属ではなく木製である。(9)剣鉾は全て金属製というわけではなく、木製のものもあったのである。

次に、絵画資料から、京都以外の剣鉾の分布について考えてみたい。江戸時代の絵画資料が多く残っているので、それらについて考えてみよう。

兵庫県伊丹市の猪名野《いなの》神社に残る、明和9年（1172）の『祭礼神輿渡御絵巻』に、京都の剣鉾に酷似した剣鉾の絵が描かれている。この神社は古くは野々宮牛頭天王社と呼ばれ、牛頭天王を祭神としている。そのため、京都から疫神を集める剣鉾祭が伝えられたとも考えられる。また、この鉾は近衛家から寄進されたと伝えられている。以上のことから、京都の剣鉾祭の目的や機能を含めて、まとめて伝播したものと考えてよいだろう。

また、和歌山県の紀州東照宮の祭にも、剣鉾が取り入れられた。『東照宮縁起絵巻』にも京都の剣鉾に酷似した剣鉾の絵が描かれている。東照宮は徳川家康を祭神とする神社なので、神社・祭礼とも江戸時代に新しく作られたものである。新しい祭を作る時には、いろいろな芸能や祭礼の形態を参考にして、華やかなものにする工夫がされる。東照宮祭は幕府や藩がその威信をかけて作り上げたはずである。その時、当時の都であった京都の祭礼形態は最も参考にされたと考えられる。そのため、その当時最も華やかで流行の最先端だった京都の剣鉾を取り入れたのだと考えられる。[10]

また、江戸の祭にも、剣鉾は取り入れられていた。明暦3年（1657）の大火以前の江戸の様子を描いたといわれる『江戸天下祭図屛風』には、山王祭で剣鉾を舁《か》いて歩く人々の様子が描かれている。同じく江戸の浅草寺と浅草神社の祭礼を描いた『江戸名所図屛風』にも、剣鉾が描かれている。[11]

栃木県さくら市の今宮神社の祭礼絵馬にも剣鉾が描かれている。現在でもこの剣鉾は残っており、「形状は京都の剣鉾とまったく同じ」と山路氏は述べられている。この祭は、江戸の祭から、さらに伝播したのではないか、と山路氏は推定されている。[12]

では、鉾はいつごろから巨大化したのか、考えてみよう。

『後愚昧記』永和二年（1376）六月十四日条に

高大鉾顚倒、老尼一人被圧死

とあり、この頃、何らかの形でかなり大きなものになっていたことがわかる。どのような形であったかは不明であるが、人々の風流の求めに応じ、鉾が巨大化していったことが推測される。

次に、祇園祭に出される「鉾」について考えてみよう。

現在、長刀鉾をはじめ、七基の鉾が出されている。高さ約二十五メートル（船鉾を除く）、重さ約十二トン、巨大な四個の車輪の上に屋根の付いた屋形を組み、その上に真木が伸び、最頂部には、長刀などの鉾頭がついている。屋形には、稚児や囃子方が乗っている。
前述の山路氏の論文から、祇園祭の出現について、次のように考えられる。
下京の町衆がもともとの自分たちの剣鉾に、室町幕府が出していた久世舞車を合体させ、新たな鉾を作り出した。それができるようになったのは、下京の町衆が経済力を持ったことによる。新たに、大型でかつ装飾性の強い鉾を出せるようになった町衆は、競うように、町内ごとに様々な鉾・山・傘鉾を出すようになったのである。

ところで、市江車の布鉾は、長さが短く、京都の鉾が大型化する前の鉾の形態を表している、と考えてもよいのではないか。そう考えると、祭の鉾が、剣鉾や祇園祭の鉾のように巨大化する前に、市江の地に伝播したものと推測できる。つまり、鉾を出す祭の最も古い形態を残しているものと考えられる。別表を参照してもらうとわかるように、少なくとも老尼圧死事件（１３７６年）以前に伝播したと考えることができる。

ところで、愛知県では、市江の鉾以外にも、祭に鉾を出していた記録がある。愛知県名古屋市熱田区にある熱田神宮の摂社である熱田南新宮社の大山祭とも呼ばれた天王祭である。なお、熱田南新宮社の祭神も津島神社と同じ牛頭天王である。牛頭天王は、疫神を祓う神と考えられていた。

熱田南新宮社の祭は、『尾張年中行事絵抄　中』[13]に、詳しく記されている。

五日、熱田神宮天王祭。諸国年中行事謂《いわゆ》る、熱田祭是也。（中略）熱田町旧記、同神祭記等の説に曰、一条院の寛弘七年に、男女悉く疫癘を悩て、所の者、旗、鉾を以て、天王之社にて疫神を祭る其古例を以て、布を旗とし、木に鉾を作、毎年六月五日祭之。寛弘のゝち、後土御門院の御宇、文明年中に、邑の長、佐橋兵部といふ者あり、是を潤色し、始て山車をかざり、伶人舞童の楽ありと云云。此山車を出す所々は、八箇村より年番を定て、これを勤む。其順当は、宿今道、大瀬子、中瀬、其次の年は市場、田中、神戸、其次の年は東脇、須賀等也。此内、田中、大瀬子は大山を出し、其余は車楽なり。（中略）此日卯の刻、南新宮供御調進。祝詞、惣市、鼓、鈴の神楽等あり。畢て、車楽をひき、大山をひく。次に車楽也。各天王の御前にて、囃子、それより下馬橋の側迄ひき来りて又囃子あり、其車楽といふは、上段に幕にて山形を作り、屋体ありて人形を置く。男女の姿にして猿楽のさまなり。前には桃の造花を飾り、後には松を建つ。屋形の正面に甲・太刀をかざり、中段にて児の舞あり。幼童二人花烏帽子をかぶり、腰鼓、羯鼓の舞あり。

（以下略）

また、元禄12年（1699）2月に書かれた「八ヶ村祭礼覚」[14]には次のようにある。

六月五日八ヶ村ゟ相勤申候祭礼之覚

一六百九拾余年以前一條院之御宇寛弘年中熱田中之男女疫癘を煩悉悩申候故、町々ゟ簱鉾を以天王之社ニ疫神を祭申候、右之簱鉾天王ニ納申候、爾今其古例ニ而、布ニ而簱を拵、木ニ而鉾を作り、六月五日ニ天王之社前江立申候、是を祭礼之最初と申伝候、（以下略）

これらの記述により、熱田新宮社の祭の起源と変遷がわかる。

寛弘七年（１０１０）疫病の流行に苦しんだ熱田の人々は、幡桙（旗鉾・旛鉾・旗状の布を付けた木で作られた鉾）を天王之社（熱田南新宮社）に奉納し、疫神を祀った。その後、文明年間（１４６９～１４８９年）に、山と車楽《だんじり》の祭車も取り入れた。その時、美しく着飾った児童を舞わせ、楽器の演奏をするようになったのである。

熱田南新宮社の祭も、平安時代後期の寛弘年間は旗鉾を奉納するだけの簡素な祭だった。しかし、室町時代に山と車楽の祭に変更した。

このことは、京都の祇園祭の変遷に酷似している。

祇園祭も、初めは武具の大きさの鉾を奉納する祭だった。やがて、鉾は剣鉾のように巨大化し、応仁の乱（１４６７～１４７７）以前には、ほぼ現在と同じような山と鉾ができ上がっていた。

これらのことから、熱田の大山祭の形態は京都から伝播したことが推測できる。最初は布を付けた鉾を奉納するだけだったが、京都で山鉾のように巨大で華麗な祭が出現すると、熱田の町衆はすぐにその祭を取り入れたのである。

熱田大山祭は、明治期に廃絶してしまったが、それ以前には毎年八村から交代で一輌の大山と二輌の車楽の合計三輌の山車（大山はなく二輌の車楽のみの年も）を出し、熱田の町を練り回ったのである。

しかも、大山祭が廃絶するまで、幡桙も南新宮社に奉納されていたと水野藤吉氏の「熱田の大山祭」(15)にある。熱田の祭も、市江の祭と同じように、古くからの幡桙と新しく取り入れた車楽と大山の併存があったのである。ちなみに、この幡桙は車楽や大山を出す年行事町から一本ずつ出された。祢宜は幡桙を受け取り、南新宮社の神前に飾った、と同著にある。つまり、熱田南新宮社の祭に出されたという旗鉾は、津島天王祭の市江の布鉾と同じ性格のものだったの考えられる。

冒頭カラー写真3—A・3—Bにあるように、市江の鉾は椹材《さわら》で鉾を作り、その下部に白色の晒布を二重にして取り付けていて、まさしく旗鉾である。

京都の剣鉾にも吹散《ふきちり》といい、鉾の下に旗状のものを取り付けているものもある。鉾に装飾として取り付けたとも考えられる。

市江の白布については、次のようにも考えられる。神道では、白色は清浄な色という考えがある。紙垂《しで》や御幣《ごへい》が白いのもその考えによる。

また、疫神は白いものに付きやすい、という考えからも取り入れられたと考えられる。神は通常は天上にいて、祭りの時など、人が呼ぶと下界に降りてくるという考えがある。その時に降りる目印として、依代《よりしろ》が考えられた。依代には、松や杉といった高木、幣束《へいそく》（御幣）や梵天《ぼんてん》が考えられた。つまり、神は先の尖った高いもの、白いひらひらしたものに付きやすいという性質を持っている、と考えられていた。市江の布鉾は、先が尖った剣先を持ち、その下に白い布が付けてあり、まさにその依代だと考えられる。

現在、市江車での祭祀は、まず地元の西保町の星の宮（星大明社）での神前奏楽から始まる。写真のように、拝殿の左右に布鉾と紅白の梅の飾り花を並べて飾る。そして、拝殿で、笛や太鼓で楽を演奏する。これは、市江の地に存在する疫神を音楽で呼び集め、布鉾という依代に疫神を寄り付かせる儀式であろう。

その後、「セメ」と呼ばれる曲の演奏をしながら、星の宮から祭り会場となる津島市の天王川公園へと向かう。この「セメ」という曲は、行列が前進するときに演奏される曲である。江戸時代には、佐屋川にある西保湊から市江車を出していたが、星の宮から湊まで絶え間なく「セメ」や「楽」の曲を演奏しながら行列を進めたという。[16] これは星の宮で布鉾に集めた疫神を、落とさないように船まで運ぶという意味があると推測する。演奏をやめると、布鉾に依り付いた疫神が行列に関心が無くなり、離脱すると考えられるからである。

この神事儀礼には明確な目的がわかる。市江にいる疫神を布鉾に依り付かせ、その布鉾を津島神社に奉納することにより、疫神を市江地域から津島神社に移すのが目的なのである。そのための儀式、神事なのである。

以上の考察から、市江の鉾を奉納する神事は、古い時代から日本にあった鉾の奉納という神事に由来すると考えられる。また、その鉾の数は神事を執行する氏子の単位であったと考えることができるかもしれない。または、八方に天地を合わせ、十方、つまりこの世の全て、という意味が込められているのかもしれない。

(1)『佐屋町史　資料編二』二七四頁
(2)『京都の歴史を足元からさぐる〔洛東の巻〕』一九四頁
(3)『京都の歴史を足元からさぐる〔洛東の巻〕』一九七頁

（4）『日向南郷神門神社・木城比木神社の師走祭調査報告書』一五〇〜一五一頁
（5）『跋扈する怨霊』五四頁
（6）「剣鉾祭りの歴史と性格」『京都の剣鉾まつり』一一四〜一二〇頁
（7）四方とは東西南北、八方とは四方とその間の北東・北西・南東・南西の四方をあわせたもの。
（8）「剣鉾祭りの歴史と性格」一三七頁
（9）「剣鉾祭りの歴史と性格」一三八頁
（10）「剣鉾祭りの歴史と性格」一四〇〜一四一頁
（11）「剣鉾祭りの歴史と性格」一四二〜一四三頁
（12）「剣鉾祭りの歴史と性格」一四四〜一四五頁
（13）『名古屋叢書三編　第六巻　尾張年中行事絵抄（解読編）』四七〜四八頁
（14）『愛知県史　資料編15　近世1　名古屋・熱田』七二一頁
（15）「熱田の大山祭」『熱田風土記　上巻』四三四頁
（16）『佐屋町史　資料編二』一七七頁

第三章　市江車の起源と歴史

―黒宮氏が祭主宰者であったころ―

一　藤原頼長領だった市江庄

さて、それでは、「市江車」を出す市江という地域の歴史を考えてみよう。

文献による市江庄の初出は、長治3年（1106）である。これには「市」の漢字に「櫟」の漢字が当てられている。

『東寺百合文書《とうじひゃくごうもんじょ》』の長治3年2月7日付の東寺政所宛平盛正解に「故太政大臣家領櫟江御庄田畠」とあり、藤原教通の子、信長家領だったことが判る。『佐屋町史　通史編』では、「寺領の田畠等を元の如く返すよう御下文を給わりたい。故醍醐法務長者の時、寺領として認められた莚打里の三十六町の田畠等が故太政大臣家（藤原教通の子信長）領の櫟江御庄田畠と交換するとして横領された（後略）」と解説がある。

また『新編　立田村史　通史』では、「櫟江庄（市江庄）は市江島から始まり、現立田村の中央部を開拓し、古くは、大成庄と呼ばれた所をも含む地域からなっていた」とある。現在、一般的に言われている市江地区に旧立田村の中央部も含む広範囲が市江庄だった。

次に、『愛知県遺跡地図（Ⅰ）尾張地区』（平成6年3月発行）の「佐屋町埋蔵文化財一覧」を見てみよう。佐屋町北部の旧佐屋地区では、日置《へき》町の日置八幡社遺跡からは、弥生土器、須恵器《すえき》、灰釉《かいゆう》陶器などが出土しており、弥生時代までさかのぼることができる。しかし、市江川をはさんだ南側の市江地区の出土遺物を見ると、山茶碗や近世陶器がほとんどで、山茶碗が一番古い。山茶碗というのは、平安時代後期位から普及した一般庶民が使う素焼きの食器である。

前述の文献の初出が１１０６年ということを考えると、全く合致する。

つまり、市江島を開墾して人が生活するようになったのは平安時代後期位からと考えてもよいだろう。

それまで、人が住めなかった海岸の地に、佐屋川、市江川が砂を運び、砂洲ができ、葭《よし》原ができ、そこを開墾して人々が生活するようになった、と考えられる。

平治の乱の時の源義朝の敗走ルートを考えると、当時の海岸線を推測することもできる。その時の逸話が、伝承として現地に残っている。

平安末期、平治元年（１１５６）、平治の乱で負けた源義朝は、岐阜県大垣市の青墓宿から家臣の鎌田正清の妻の実家がある愛知県美浜町野間を目指して船を進めた。この野間というのは、伊勢湾に面した知多半島の南部の地名である。

現在の大垣市から杭瀬川、揖斐川、木曽川を経由し、愛知県愛西市立田町に着いた。

農家からは、朝食を準備する煙が上がっていた。船の中の者は空腹に耐えかね、船から上がった。岸近くの藤右衛門宅に寄り、朝食を乞い、粥《かゆ》を馳走してもらった。藤右衛門の家の分だけでは足らなかったので、隣の三右衛門の家の分も馳走になった。しかし、義朝は落ち武者の身、何も礼をするものが無い。それで、「義朝が再び世に出た時には、御粥藤右衛門、小粥三右衛門と名乗り出てくれ」と言い、再び船に乗った。

そして、愛知県弥富市荷之上に入り、この辺りまで来れば、もう大丈夫だろうと、積荷のように装い身を隠していた柴を岸に投げ上げた。この柴が地に根をつけ、芽吹いて森となったことから「柴が森」と呼ばれる森ができた。また荷を上げた地、ということで「荷之上」の地名ができた。

そこから東に進み、愛知県海部郡蟹江町に出た。近くの漁師に水先案内を頼んだ。ここでも礼をするものが無いので「義朝が名を挙げたと聞いたら源氏島の者と名乗り出てくれ」と言って去った。これ以降、ここは源氏島と呼ばれることとなった。現在も蟹江町大字西之森字源氏として小字名として残っている。

このルートを見ると、その当時の地形や海岸線が浮かび上がって来る。古代の人が海で船を進める時、海岸から大きく離れず、陸地に沿って進めるのが一般的だった。そのため、このルートを結んだ線が海岸線に近いものだったと推測できる。海岸線といっても葭の生えた小島が点々とあったであろう。

この伝説は、この辺りが海に近く、開墾してまだ日が浅い地域だったことを証明する逸話である、と考えることもできよう。

次に、市江という地名について考えたい。多度（三重県桑名市多度町）、長島（三重県桑名市長島町）は、元来、河内《かわうち》または市腋《いちえ》と呼ばれていた。

『海道記』（鎌倉時代前期成立　作者不詳）に

夜陰に市腋という處に泊る。前を見下ろせば海さし入りて、河泊の民、潮にやしなはれ、後に見あぐれば、峯そばだちて、山祇の髪、風にくしけづる。磐をうつ夜の浪は千光の火を出し、木々になく暁のむささびは孤枕の夢を破る。此ところに留まりて心はひとり澄めども明けゆけば友にひかれて打出でぬ。

岩が根の岩しく磯の波枕

　ふしなれても袖にかからん

七日、市腋をたちて津島のわたりといふ處、舟にて下れば（中略）渡りはつれば尾張の国に移りぬ。

とあり、市腋の様子は、文章の中に「峯、磐、岩」などの文字が並ぶ。これは、ごつごつとした岩盤を持ち、山に近い土地の様子を表している。風景の様子から、明らかに多度のことである。当時、多度と津島の間は、木曽川や長良川の元となる川が流れていた。それらはまだ現在のように明確に分かれておらず、洪水のたびに流路を変えるような不安定な川であった。その河川の間を中小の川が網の目状に流れ、その間に砂洲でできた大小の島々が点在していた。陸地がつながっていなかったので、伊勢国多度から尾張国津島に渡るのには、船が最適な交通手段であった。

さて、河川の砂洲の堆積が進み、多くの島々ができたのを見た多度や長島の人達が、現在の愛西市市江地区や立田地区を開墾し始めた。そこは市江（市腋、つまり多度、長島のこと）が開墾したため、市江（島）新田と名付けられたが、やがて新田が取れ、その地を市江（島）と称されるようになったと考えられる。

そして、現地で実際にこの開墾を推し進めた中心人物が黒宮氏と考えられる。黒宮氏は「市江祭記」にも黒宮修理の名前で登場する。

さて、この市江庄であるが、平安時代末期１１５６年までは、藤原頼長領であったことがわかっている。

『藤原頼長』には、『兵範記』保元二年三月二十九日条に、保元の乱後、没官された故左大臣（藤原頼長）領二十九か所が後院（後白河法皇）領に編入する旨の太政官符について掲載されている。(1)

その二十九か所のうちに尾張国榛江庄がある。

榛江庄、つまり市江庄は、前述のように藤原摂関家の荘園だったが、父藤原忠実から二男頼長に譲られたらしい。しかし、保元の乱で頼長が敗死したため勝者の後白河法皇の領地になったのである。

ここで、荘園について少し解説をしよう。

奈良時代、人口が増えると食料を確保するために、墾田永年私財法が制定された。これは、新しく開墾した土地は永久に開墾者に与えられる、という法律である。そのため、多くの人々が競って荒地を開墾するようになった。

しかし、平安時代になると、国司に租税納入を請け負わせる国司請負に変わった。国司は税収を確保するために、小規模な荘園、正式な土地所有の証明書のない荘園、私領（郡司《ぐんじ》、郷司《ごうじ》など在地領主の所領）を没収して国衙領に組み入れようとした。

その対策として、開発者は開墾した自分の土地を有力者に寄進するようになった。これは、有力者の保護のもと、国司らの厳しい税の取り立てから免れるためである。

そのため、十一世紀ごろから皇室・摂関家・大寺社など有力者への寄進が増加した。

有力者の荘園になれば、その土地は有力者の所有地となり、国からの税や雑役《ぞうえき》（国の事業に労働力を提供すること）から免れることができるからである。また、荘園内の自治が認められ、国司の荘園内への立ち入りが拒否できた。これを不輸・不入の権という。貴族や寺社の土地には税を納める義務はなく、国司が立ち入る権利が認められていなかった。そのため、その所有する荘園にもその特権が及んだのである。


市江庄を開墾した黒宮氏も佐屋川、市江川、木曽川などの河川が運んだ砂でできた砂洲・葭原を開墾する在地開発領主であったのだろう。開墾した土地は、保護を受けるために、藤原摂関家に寄進された。時代の流れから、自分の開墾した土地を守るため、寄進という方策をとったと考えられる。

ちなみに、市江庄の北隣の日置庄《へきのしょう》（旧佐屋町佐屋地区。大字日置を中心とした地区）も藤原摂関家領であった。

そして、時代は平安末期となり、市江庄は藤原摂関家内で受け継がれ、父忠実から二男頼長へと受け継がれていった、と考えられる。

（1）『藤原頼長』二〇九頁

二　藤原頼長について

藤原頼長は、保安元年（１１２０）５月、藤原摂関家の二男に生まれた。父、忠実はこの年の11月に失脚し、宇治で十年間、謹慎生活を送っていた。時間に余裕のあった忠実は頼長を直に育て上げ、教育した。また、忠実四十二歳の時の高齢に生まれた子だったため、忠実は頼長を偏愛した。忠実は、長男で関白である、頼長の二十三歳年上の兄、忠通を嫌い、頼長に摂関家を継がせようと考えた。そのため、頼長をなかなか男子の生まれない忠通の猶子とした。

しかし、康治2年（１１４３）、忠通四十六歳の時、実子（近衛）基実が生まれると、良好だった兄弟の関係が崩れていった。

久安５年（１１４９）、頼長が左大臣に昇進すると、翌年、忠実は藤原氏の氏の長者の地位を頼長に与えた。これにより、頼長と忠通の不仲は決定的になった。

久安７年（１１５１）、頼長は内覧の宣旨を受ける。忠通関白、頼長内覧という関白内覧並立の前代未聞の事態となった。内覧とは、天皇の奏聞・宣下に先立って政務関係文書に目を通す行為のことである。それまでは関白または内覧が一人だけだったが、平安末期の関白・内覧併置以降、摂関と並ぶ同等の地位となった。(1)

いよいよ政界の頂点に立った頼長は、堕落した政治を改革しようとした。律令制を復活させ、規律を重んじ、刑罰を厳しくしようとした。宮中の参内に遅刻した貴族の家を焼き払い、許可なく切り合いをした家来の腕を切り落としたりして、「悪左府（厳しすぎる左大臣）」と呼ばれ、恐れられた。そのため、貴族や朝廷の心は次第に頼長から離れていった。

仁平元年（１１５１）7月、鳥羽院第一の寵臣、中納言藤原家成の門前を二人の雑色が無礼とされる高足（歯の高い下駄）で通ろうとした。平安時代、大路に面した有力者の門前はその邸宅の延長というべき性格があり、無礼な態度をとった者は厳しく罰せられることになっていた。その二人の雑色は邸内に引き込まれ、暴行を加えられた。

二人の雑色は、左大臣頼長に仕える者であった。これを知った家成はただちに犯人を差し出して恭順の意を示したが、頼長は報復に出た。頼長は家臣を家成の邸宅に乱入させ、破却したのである。『愚管抄』によると、この事件以来、鳥羽院は頼長を「ウトミオボシメ」した（疎ましく思うようになった）という。この事件で、鳥羽院の不信を招いたことは、頼長にとって、後に大きな問題をもたらすことになる。

忠通は、事件直後に、忠実・頼長が天皇の退位を企てている、と奏上し、鳥羽院の頼長に対する不信を煽ろうとした。

しかし、父、忠実が鳥羽院と親密な関係にあったため、すぐに鳥羽院との関係が悪化することは無かった。ところが、近衛天皇が、露骨に頼長に嫌悪を示すようになってしまった。天皇と頼長が不仲である、という噂は急速に人々に広まっていった。

仁平3年（１１５３）、近衛天皇は眼病に罹り、ついに久寿2年（１１５５）早世した。すると、忠通はこの機会をねらって、忠実・頼長を失脚させようとした。

朝廷に巫女が招かれ、亡き近衛天皇の口寄せが行われた。近衛天皇の霊が言うには、「誰かが呪詛して愛宕山の天公（天狗）像の目に釘を打ったため、自分は目が見えなくなり、ついには亡くなった」とのことだった。近衛の後、皇位を継いだ後白河天皇がその像を調べさせたところ、本当に釘が打ち込んであった。忠通や近衛天皇の母、美福門院得子は、これを、忠実・頼長の行為とみなしたため、鳥羽法皇は忠実・頼長父子を憎むようになった。これも、すべて忠通の仕組んだ罠であった。

この呪詛事件のため、頼長の内覧の再宣下は叶わなかった。摂政や関白は辞退しない限り、天皇が変わっても再宣下されるのが通例だったので、再宣下を期待したのである。しかし、一か月がたっても宣下は無かった。やがて、呪詛事件の噂が頼長の耳に入った。法皇の信頼を失ったことを知った忠実・頼長は社寺に祈祷し、法皇に哀訴して、その誤解を解こうとしたが、無理だった。

やがて、朝廷らは、頼長らに挑発的な手を打ち始めた。朝廷は、頼長の正邸である東三条邸を襲撃させた。邸内では、平等院の供僧である勝尊が秘法を修していたが、からめ捕えられ尋問され、邸内の文書などを没収された。その頼長の書状が証拠とされ、天皇呪詛は決定的とされた。頼長の東三条邸は没官、つまり、武力接収された。没官とは、謀反人に対する財産没収の刑であり、頼長に謀反の罪がかけられたことを意味する。

陰謀から皇位継承からはずされた崇徳上皇と、同じように、陰謀から政治生命を絶たれた頼長は、保元の乱へと、つき進んでいく。保元の乱は、兄・崇徳上皇と弟・後白河天皇陣営の皇位をめぐる天皇家の争いに、摂関家内部の権力闘争を巻き込んで起こった乱だった。

その結果、崇徳上皇・頼長陣は敗退。頼長は馬で敗走中に首に流れ矢を受け、重傷を負った。出血による衰弱と苦しみながらも、最愛の父忠実に会うために、奈良まで向かった。最後に一目父に会いたいと申し入れるが、拒絶されてしまう。

忠実は藤原摂関家を守ろうとした。そのため、この戦は頼長個人の参加であり、藤原摂関家は全く関与していないことを証明しようと、対面を拒んだのである。頼長は翌朝、無念の思いを抱えたまま亡くなってしまう。貴族で戦死したのは頼長ただ一人であった。遺骸は土葬されたが、後に検死のため掘り返され、元に戻されることもなく、そのまま放置されたという。元内覧という高位であり、名家摂関家出身の頼長にとっては、あまりにも無惨で、侮辱に満ちた、悲しい最期であった。

（1）『山川　日本史小辞典』七二二頁

皇室の系図

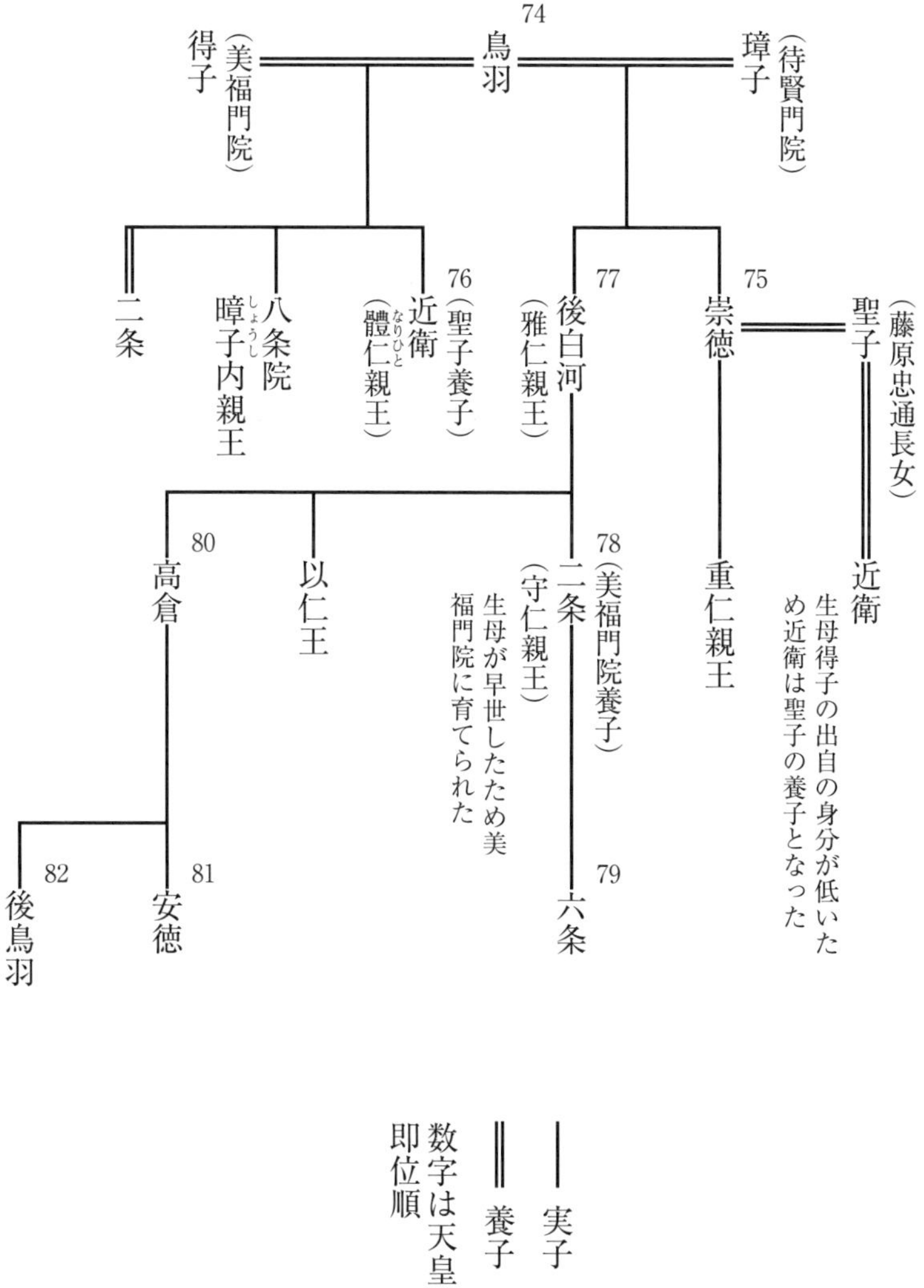
74 鳥羽
（美福門院）得子
（待賢門院）璋子
76 近衛（聖子養子）（體仁《なりひと》親王）
八条院 暲子《しょうし》内親王
二条
77 後白河（雅仁親王）
75 崇徳
（藤原忠通長女）聖子
重仁親王
近衛
生母得子の出自の身分が低いため近衛は聖子の養子となった
80 高倉
以仁王
78 二条（美福門院養子）（守仁親王）
生母が早世したため美福門院に育てられた
79 六条
82 後鳥羽
81 安徳
実子
養子
数字は天皇の即位順

三　保元の乱と崇徳院と藤原頼長

さて、藤原頼長の生涯を考える時、まず第一に考えなければならないのは保元の乱についてである。頼長はこの乱で命を落としたからである。流れ矢にほおを射抜かれ、貴族で唯一、傷死したのである。保元の乱の勝者は、後白河天皇と頼長の兄、藤原忠通である。敗者は後白河天皇の兄、崇徳上皇と藤原頼長である。この乱は、天皇家も藤原摂関家も実の兄弟が争った日本の歴史でもまれにみる争乱である。それでは、その原因と経緯を考えてみよう。

崇徳上皇は、元永2年（1119）、鳥羽天皇の第一皇子顕仁として誕生した。母は藤原公実の娘、璋子（待賢門院）であった。璋子は鳥羽天皇の祖父白河院の養女となり、十八歳の時に二歳年下の鳥羽天皇の中宮になった。そして、入内の翌年、皇子顕仁を産んだ。しかし、「この皇子は、実は白河院との間にできた子である」との噂が流れていて、白河院も実際にこの皇子をこよなく愛していたようである。『古事談』の「待賢門院入内事」に、崇徳は、実は白河院が璋子と密通して生まれた子であり、人々は皆この事を知っていて、鳥羽院も崇徳のことを「叔父子《おじご》」と呼んでいた、と書かれている。

白河 ── 堀河 ── 鳥羽
　　　　　　　　　 ║ ── 崇徳
　　　　　　　　　璋子

鳥羽院にとって崇徳が白河院の子であれば、父堀河院の弟となり、「叔父」という立場になる。しかし、妻である中宮璋子が産んだ子であるので、自分の立場から見れば「子」である。そのため、「叔父子」という呼び名が付けられたのである。

当時は院政と呼ばれる政治形態をとっていた。天皇は形式的には最高地位の為政者であるが、実際の権力は天皇の父、または祖父の上皇や法皇である院が握っていた。そのため、実際の国政も院が握っていた。このような政治系態を院政という。院政のもとでは、院が下す院宣のほうが天皇が下す詔勅《しょうちょく》や宣旨より権威を持つようになっていた。そのため、専制君主たる院である「治天ノ君」と他の上皇や天皇との対立が大きくなった。この皇室内部の対立は、それぞれの陣営につながる種々の階層の人々の対立を招いた。こうした状況は白河院政に続く鳥羽院政のもとで、より複雑になり、対立も大きくなっていった。

崇徳は白河院の意思のもと保安4年（1112）皇太子となり、即日鳥羽天皇の譲位を受け天皇に即位した。わずか五歳の天皇の誕生であった。しかし、白河院は1129年に崩御し、鳥羽院の院政となった。

鳥羽院は、妻藤原得子が保延5年（1139）に皇子體（体）仁（後の近衛天皇）を産むとその誕生を非常に喜んだ。『今鏡』に、「院のうちはさらなり、世の中も動くまで喜びあへるさま言う方なし」とあるほどである。

崇徳天皇と中宮聖子（藤原忠通の娘）の間には子は無かったため、鳥羽院は體仁を聖子の「御子ノヨシニテ」世話をするように告げた。

鳥羽院は確実に自分の子である體仁を天皇にするために、崇徳天皇に退位を強要した。體仁親王は永治元年（1142）三歳で即位した。近衛天皇である。

白河院亡きあとは、鳥羽院の院政の時代であった。鳥羽院は「治天ノ君」であり、鳥羽院の命令は絶対であった。崇徳天皇は皇位を譲る意思は無かったが、鳥羽院の命令には逆らえなかった。

しかし、崇徳天皇にはある考えがあった。自分が天皇を退位して體仁（近衛）に譲位しても、體仁は崇徳の妻聖子の養子になっており、崇徳は體仁の父、という立場であった。體仁に譲位しても天皇の父という立場で、鳥羽院亡きあと、院政を行える立場にあると考えていた。そのため、體仁に譲位してしまったのである。

ところが、その後、鳥羽院の陰謀が発覚した。鳥羽院側は崇徳に対し、體仁を崇徳の子として譲位したい、と勧めたので崇徳も納得承諾したのである。しかし、譲位の宣命には體仁について皇太子と書かれておらず、「皇太弟」と書かれていた。弟に譲位したのでは、崇徳の院政は不可能となった。なぜならば、院政の主は在位の天皇の父または祖父でなければならず、兄では不可能だからである。

藤原忠通の子、慈円の著書『愚管抄』には、「皇太子と書いてあると思っていたのに皇太弟とはどうしてか、と怒りをあらわにした」（現代語訳）と記されている。

しかし、崇徳はまだ希望を捨てたわけではなかった。近衛天皇に子ができないまま崩御すれば、崇徳上皇の皇子重仁親王が天皇に即位できる可能性が残されていたからである。そうすれば、崇徳上皇自身の院政も実現できる。その可能性にかけ、十年余りを待ったのである。

久寿2年（1155）、近衛天皇は子が無いまま、十七歳で崩御した。

そのため後継天皇を決める王者議定が開かれた。候補者としては、崇徳の皇子で聡明な重仁親王が最も有力視されていた。

その他に、出家していた崇徳の弟で、鳥羽院の第五皇子の覚性法親王を還俗させて即位させる案、近衛と同母の姉の八条院暲子内親王を女帝にする案も挙がった。しかし、これら二案はあまりに異例である、と却けられた。

その中で鳥羽院は、美福門院や藤原忠通の強い意向で、聡明な守仁親王（後の二条天皇）を立てることにした。守仁親王は生母が早世したため、美福門院が養育していたのである。

しかし、父親の雅仁親王が健在なのに、それをさしおいて、子の守仁親王を皇位に即けることは不穏当であるという意見が強く出された。そのため、まず雅仁親王を皇位に即け、その後、守仁親王が皇位を継承することとなった。

雅仁親王は即位し、後白河天皇となった。その時、二十九歳で、幼くして即位するのが通例になっている当時において、異例の成人後の即位であった。また皇位は通常、親から子へ、兄から弟へ、という順序で継がれるため、弟から兄へ、という措置も全くの異例であった。

鳥羽院は、守仁親王を皇位継承者とするための一時の方便として、雅仁親王を即位させることに同意したにすぎず、もともと雅仁親王を皇位継承の候補とは考えていなかったと思われる。

『愚管抄』には、雅仁親王についての評価を「イタクサタダシク（非常に評判になるほどに）御遊ビナドアリテ、即位ノ御器量ニハアラズト思召テ」と記している。

『保元物語』にも「文にも非ず、武にもあらぬ」と雅仁親王は全く即位すべき器量をもたない、と評価されていた。

また、宮廷生活の常識を全く逸脱した遊芸の皇子でもあった。十余歳の頃から非常な熱意を持って今様を愛したことは、歴史上有名であった。後白河自ら書き写した『梁塵秘抄口伝集』に「今様好み」の様子が紹介されている。「十余歳の頃から今まで怠らず夜も昼もうたい暮らし、人を大勢集めて舞いうたった。」（現代語訳）とある。当時の伝統的な帝王観からすれば、皇位につく者は学問にすぐれ、臣下を威服させる毅然とした強さを持つことが理想とされた。その立場から見て、この遊芸の皇子は全く「天皇の器」ではなかったのである。

さて、崇徳上皇は、次の天皇に自分の子である重仁親王をつけようとしていたが、美福門院によってその計画も完全に打ち砕かれてしまった。しかも次期天皇は全く天皇の器をそなえておらず、今まで全く候補に挙げられていない雅仁親王だった。崇徳上皇の失望はいかばかりであったであろう。後白河天皇の即位によって、鳥羽院政の路線は保たれ、美福門院と忠通の主導の政治路線が確定した。後白河は、その即位に至る事情への感謝の思いから、美福門院に礼を尽くした。

ここにおいて、崇徳上皇は院政への全ての望みを絶たれたのである。

藤原摂関家においては、権勢を得た関白忠通に対し、忠実・頼長は、その政治的立場を失ったのである。しかし、忠実が鳥羽院と親密であったため、まだ政情は均衡を保っていた。

やがて、鳥羽院は保元元年（１１５６）７月２日に崩御した。

すると、美福門院と忠通を中心とする朝廷は、これを契機に次々と崇徳上皇や頼長らに対する挑発的な行為に出た。

まず7月5日には「崇徳上皇と頼長が同心して軍兵を集め、皇位を奪おうとしているとの風聞がある」として、禁中などの警固を厳しくした。8日には、忠実・頼長親子が諸国の荘園から軍兵を招集しているとして停止する綸旨を出した。

同じく8日には、摂関家の正邸ともいうべき東三条邸を襲わせた。邸内では、平等院の供僧である勝尊が秘法を修していたが、からめ捕られて尋問され、邸内の文書などが没収された。その頼長の書状が証拠とされ、亡き近衛天皇への呪詛は決定的となった。頼長の東三条邸は没官、つまり武力接収された。没官とは謀反人に対する財産没収の刑であり、頼長には謀反の罪がかけられたのである。『保元物語』では、忠通らが評議して、来る11日に頼長を流罪にする旨を決定した、とあるがその真偽は定かではない。

ここまで進めば、もはや頼長は処罰を受けるか、挙兵して反逆するか、の二択しか残されていなかった。一方、すでに頼長に同心していると公言されている崇徳上皇も自分の身に危険の迫っていることを感じ取ったに違いない。

崇徳上皇は7月9日の夜半に白河殿に入り、翌10日の夕刻には頼長もこれに加わった。また平忠正・源為義たち約千騎もここに参集した。

一方、忠通・後白河天皇ら朝廷方では、崇徳上皇が武士を招集したのを見て、内裏高松殿に軍兵を集めた。そして平清盛・源義朝らを交えて軍議を行った。『愚管抄』には、その際、義朝が夜討ちをかけるよう進言し、その策を採った、とある。

11日の未明、夜討ちという奇襲をかけられた崇徳上皇・頼長軍は数時間で陥落し、崇徳や頼長らは逃走した。

崇徳は13日に、同母弟の仁和寺の法師の信法法親王《ほうしんのう》をたよった。しかし、法親王が崇徳を庇護することを固辞したため、朝廷方の手に落ちた。

頼長は11日の合戦の際、矢が当たって重傷を負った、という情報が朝廷方に入っていたが、その後の消息が全く分からなかった。合戦から十日経った21日、頼長の母方の従兄弟にあたる興福寺の僧、玄顕《げんけん》が朝廷に出頭し、頼長の最期を申告した。

流れ矢にほおを射抜かれ重傷を負った頼長は、父の忠実に会うために、奈良に向かった。忠実に面会を申し入れたが、忠実はこれを拒んだ。忠実は、この乱には全く関与していない、という姿勢をとったためである。この負け戦に忠実自身も関与していれば、忠実の持つ膨大な荘園などの財産も当然没収される。忠実は、摂関家の地位や財力の低下を恐れたため、頼長との接触を拒んだのである。

最愛の父に一目会いたい、という臨終の際の希望さえ叶えられなかった頼長は、従者に助けられながら、やむを得ず奈良の千覚律師《せんがくりつし》の房に入った。千覚は頼長の生母の兄弟である。頼長は一夜重傷に悩まされ、14日遂に一生を終えた。まだ三十七歳であった。遺体は般若山の近くに土葬された。しかし、後に検死のために掘り起こされ、元に戻されることもなく、そのまま放置されたという。元内覧という高位であり、名家摂関家出身の頼長にとっては、あまりにも無惨で、侮辱に満ちた、悲しい最期であった。

次に、保元の乱に参加した武士についても考えてみよう。平氏も源氏もそれぞれ一門の中で崇徳上皇側、後白河天皇側に分かれて乱に参加した。平氏の清盛は、後白河天皇側について勝者となった。叔父忠正とその息子たちは崇徳上皇側について敗者となった。清盛は罪名宣下の翌日28日に忠正の一族を蔵人判官義康によって処刑させた。

源氏は、源義朝が後白河天皇側について勝者となった。義朝の父為義と義朝の弟たちは崇徳上皇側について敗者となった。彼らは義朝の手によって処刑された。

崇徳上皇方の武士の多くは降参したが、武力の中心となった人々やその子弟一族たち七十四人が斬首された。これまで約三百五十年間行われなかった死刑が大量に執行されたのである。また、その他の関係者は配流となった。これらのことも当時の人にとっては驚愕の事柄であったであろう。

さて、もう一人の敗者、崇徳上皇は23日に讃岐（現在の香川県）に流されることになった。崇徳上皇は剃髪して、弟である仁和寺の覚性法親王のもとにしばらく滞在したが、女房二人と共に船で讃岐に下り、配所での寂しい日々を過ごした。親しく召し使っていた人々も、人目をはばかって、崇徳上皇を訪ねることは少なかった。そして、讃岐での暮らしはつつましく、ひっそりと過ごしていたようである。『風雅和《ふうがわ》

保元の乱の勝敗

	勝	敗
皇　室	後白河（弟）	崇徳（兄）
藤原氏	忠通（兄）	頼長（弟）
平　氏	清盛（甥）	忠正（叔父）
源　氏	義朝（子）	為義（父）

歌集《かしゅう》』に載せられた崇徳の詠んだ歌

思ひやれ都はるかにおきつ波立ちへだてたるこゝろぼそさを

からは、都を恋しく思う気持ちと田舎暮らしでの心細さが詠まれている。

やがて崇徳上皇は長寛2年（1164）に亡くなった。陰謀により謀反人とされ、都から遠く離れた四国の地に流され、都を恋しく思いながらも帰ることもできず、その生涯を閉じたのである。その知らせを聞いた後白河天皇は無視して、服喪もしなかったと伝えられている。実の兄でありながら、謀反人・罪人の死は服喪に値しない、と考えていたのであろう。

「無実の罪を着せられて、都から遠く離れた土地で、恨みを抱きながら死去する」。崇徳上皇と頼長は、将来怨霊になる条件を十分に備えた最期を遂げたのである。

四　保元の乱のその後

保元の乱の後、後白河天皇は、五畿七道諸国に大内裏造営を命じ、朝廷の諸儀式の再興を進めている。新しい政治を進めていこうという後白河天皇の意欲が感じられる。

そして、保元元年（1156）閏9月に、いわゆる「保元新制七箇条」を下し、10月には記録所を復置して、権門寺社の荘園の整理に乗り出した。特に、当時巨大な勢力に成長していた大寺社に対する抑圧策を意図したためと考えられる。この新制の理念は、王土思想が強調され、天皇による権力の一元化を求める意図が見える。つまり、寺社や貴族の上に天皇家が存在する、という統一的王権を立てようという意思のもとに下されたものだった。

翌保元2年（1157）には、これをより詳細に拡大した形での新制三十五箇条が発布された。後白河天皇の治世は順調に続くように思われた。

保元3年（1158）、後白河天皇は皇太子守仁親王に譲位した。二条天皇である。そして、ここに後白河上皇（院）による「院政」が復活した。

院政派の中心人物であった少納言入道藤原信西は、後白河院の権威を背後にして政治手腕をふるい、権勢を高めていった。しかし、信西は政敵をどこまでも追及するという厳しい性格であった。そのため、敵が多く、次第に孤立していった。

その信西と対立したのが、院近臣で、後白河院の寵愛のもと、権勢を伸ばした藤原信頼である。信頼はその意思をことごとく信西に抑えられ、不満を募らせていた。その信頼に接近して来たのが、同じ院近臣の藤原成親であり、二条天皇親政派の藤原経宗・藤原惟方らである。彼らは朝廷内で、反信西派という立場で結束した。また信西を重宝した後白河院にも不満と不信を持つようになり、近い将来、二条天皇親政の実現を謀ろうとしていた、と考えられる。

平治元年（1159）12月、平清盛が一門を引き連れ熊野詣に出発し京都を留守にした時、クーデターが起きた。平治の乱である。

12月9日の夜半、源義朝らの武士が、突然、後白河院の御所三条殿を襲った。後白河院らは一度は脱出に成功したが、大内裏に移され、一本御書所《いっぽんごしょどころ》に幽閉されてしまった。二条天皇も黒戸《くろど》御所に移され、幽閉された。上皇だけでなく、天皇も幽閉状態に置かれてしまったのである。

やがて、熊野から急いで帰京した平清盛に、クーデターは鎮圧された。清盛の手配により、二条天皇と中宮姝子《よし》内親王は内裏から助け出され、平家の六波羅の館へと移された。天皇の脱出後、後白河院も助け出された。

天皇を迎えることに成功した清盛は、天皇を推戴し、「勅命によって戦う」という大義名分を得た。そのため、26日には、信頼・義朝追討の宣旨が出され、清盛は官軍として大内裏に義朝らを攻撃した。天皇・上皇を手中から奪われた信頼・義朝は孤立し、賊軍として討伐される立場に逆転した。

首謀者の信頼は捕えられ、六条河原で斬られた。保元の乱では武士だけが斬首されたが、平治の乱では、貴族までが斬首となった。当時の人々は、保元の乱よりもいっそう驚きと不安を募らせたことだろう。

義朝は一族主従二十余人と共に東国に向かった。東国の在地武士を擁して、再起を謀ろうとしたのである。しかし、その途中、雪の中で一行は分散してしまった。義朝は家来の鎌田正清以下のわずかな従者と共に東国を目指して落ちて行ったが、正清の妻の父、長田荘司忠致《ただむね》によって、尾張国知多郡野間で誅殺されてしまった。源氏の頭領の義朝が殺され、源氏の勢力は衰退していった。

このように、平治の乱以後、平氏の力は強大になった。今までは紛争は調停によって解決されてきたが、この時代からは武士による武力に頼らざるを得なくなったのである。朝廷・貴族中心の世から武士中心の世へと扉が開かれたのである。

長寛2年（1164）8月、崇徳院が亡くなった。崇徳院は後白河院の実兄であり、元天皇であった。しかし、その報を受けた後白河院は、罪人の死は服喪に値せずと無視して何もしなかったと伝えられている。

仁安2年（1167）、平清盛が太政大臣になった。武士階級から太政大臣になったのは清盛が初めてで、いよいよ武士の台頭が始まった。

安元2年（1176）には、後白河院と藤原忠通に関係する四人が三か月の間にあいついで亡くなった。（藤原頼長の怨霊の鎮魂年表参照）この四人の死は、保元の乱で負け、都以外の地で亡くなった崇徳院と頼長の恨みによるしわざだと考えられた。そのため、崇徳院と頼長の怨霊が意識されることになったと思われる。

そして翌年（1177）から次々と起こる事件によって、怨霊の存在が決定づけられていくのである。

五　後白河院の崇徳院と頼長の鎮魂

平安末期、「相次ぐ天変地異などが崇徳院と頼長の怨霊によるものである」と認識され、鎮魂がはかられるようになる。それでは、そこに至るには、どのような過程を経ているのか考察してみよう。

保元の乱の後、しばらくは後白河天皇にとって崇徳院と頼長は罪人であり、その存在は無視された。保元の乱直後に後白河天皇が石清水八幡宮に乱の勝利を報告した宣命にもそのことが書かれている。

ここには、頼長がいかに悪人であったか、流れ矢に当たって死んだのは神罰である、と後白河天皇は頼長を非難している。さらに崇徳院を讃岐に流刑にしたことは法にのっとったことだと言っている。

この時点では、頼長・崇徳の怨霊は全く意識されておらず、誇らしげに保元の乱の勝利を宣言している。しかし、のちに怨霊の存在が無視できなくなり、安元3年（1177）にこの宣命は破却されることになるが、この時点では思いもよらなかったであろう。

後白河天皇（院）が出した新制を比較してみると、保元の乱直後とその後しばらくしてからとでは、かなりの差異を見出すことができる。

保元元年（1156）の令では、保元の乱に勝利し、日本すべての土地は自分のものであり、自らが最高権力者であることを高らかに宣言している。

しかし、治承2年（1178）の令では、神事・仏事を厳密に行い、神仏を敬うべきであると信仰の世界を重視している。頼長と崇徳院の怨霊が意識される前と後では、後白河院の政策自体が大きな変化を見せている。

崇徳院は長寛2年（1164）8月26日に亡くなったが、『百練（錬）抄』[1]には、崇徳院が配所の讃岐で亡くなっても、後白河院がその死を無視したことが書かれている。また『玉葉』には、崇徳院が亡くなったのに、後白河院が服喪せず、無視する行動をとったため、非難する人々がいたことが記されている。崇徳院が亡くなった時、後白河院は崇徳院の怨霊については全く意識せず、罪人扱いしていたのであった。

しかし、安元2年（1176）、6月から8月の二か月余の間に、後白河院と藤原忠通に関係する人物四人が相次いで死亡した。

6月13日、後白河院の妹で、後白河院第一皇子の二条天皇の中宮の高松院姝子《よしこ》が死亡。

7月8日、後白河院の女御で高倉天皇の母、平滋子が死亡。

7月17日、二条天皇の子、六条天皇（後白河院の孫）が死亡。

8月19日、藤原忠通の養女で近衛天皇の中宮、九条院呈子《しめこ》が死亡。

これらのことがもとで、後白河院の心の中に崇徳院・頼長の怨霊の祟りのせいだという恐怖が生じるようになった。後白河院・忠通を恨む人物といえば、不幸な死を遂げたこの二人だからである。

しかし、世の中の不吉な事件はこれだけにとどまらなかった。

安元3年（1177）は、前年を上回るさまざまな動乱が起きた。

4月13日、いわゆる「白山事件」が起こった。延暦寺の衆徒は日吉・白山両社の神輿を担ぎだし、洛中に乱入した。後白河院が平重盛に都の警備を命じたところ、重盛の軍兵が多くの神人を射殺し、しかも神輿に矢が当たるという事件が起こった。この行き過ぎた行動に、都の貴族の間からは非難の声が上がった。この状況については『平家物語』に

神輿射奉る事、是はじめとぞうけ給。霊神怒をなせば、災害岐に満つといへり。おそろしくとぞ人々申あはれける。

と記されている。

そして、追い打ちをかけるように、4月28日に京都で大火災が起こった。いわゆる「太郎焼亡」である。樋口富小路から出火し、京中は富小路まで、南は六条まで、西は朱雀の西まで、北は大内裏まで消失した。大極殿以下八省院はすべて焼失してしまい、京中にはいたるところに死体が見られるという悲惨な状況になった。

この様子を『平家物語』では

　山王の御とがめとて、比叡山より大なる猿どもが二三千おりくだり、手々に松火をともひて京中を焼くとぞ、人の夢には見えたりける。

とある。作者を始め当時の人々には、この大火事は山王（日吉社）の神輿に矢を射ったことへの神罰だと考えられていたことがわかる。

内裏の火災は一般に祟りによるものだと考えられていたようである。

安元2年（1177）の太郎焼亡の場合、焼失したのが宮中でも大極殿という極めて重要な場所であった。大極殿は王位継承の儀式を執り行う場所であるため、怨霊の祟りが火災の原因になっているのでは、という認識が生じた。

大極殿の火災といえば、菅原道真の怨霊によると考えられた大極殿の落雷・火災の事件が有名である。これは延長8年（930）に起きた。この事件は次のとおりである。

内裏に落雷があり、清涼殿南西の柱に落ちた。そこにいた大納言藤原清貫《きよつら》は胸を焼き裂かれて死亡した。平希世《まれよ》は顔を焼かれて死亡した。美努忠包《みぬただかね》は髪を焼かれて死亡した。紀陰連《きのかげつら》は腹部のやけど、安曇野宗仁《あずみのむねひと》は膝のやけどを負った。公卿三人が死亡、二人が大やけどという前代未聞の事件であった。なおこの事件は死者五人という説もある。

この落雷事件は「菅原道真の怨霊が起こしたもの」と当時の人に考えられていた。昌泰4年（901）、左大臣菅原道真は時の権力者藤原時平の陰謀によって太宰府に左遷された。都に帰りたいという願望を持ちながらその願いはかなわず、道真は二年後の延喜3年（903）太宰府でむなしく死んだ。

死亡した藤原清貫は、太宰府に左遷された菅原道真の監視を藤原時平に命じられていた。そのため、清貫は道真の怨霊に祟り殺された、という噂が広まった。道真の怨霊が雷を操ったということから、道真が雷神になったという伝説が流布する契機ともなった。

この菅原道真の怨霊の祟りから落雷・火災事件が起こったという考えは「太郎焼亡」も怨霊の祟りによるものという考えを連想させた。

神輿射撃事件と太郎焼亡大火災の後、左大臣藤原経宗《つねむね》は「最近相次いで起きた事件が崇徳院と頼長の祟りによる疑いがあり、それを鎮めることは非常に重要なことである」と九条兼実に述べている。(2)朝廷中枢では、崇徳院・頼長の鎮魂のことが重大事項として考えられていたことがわかる。

『愚昧記』安元三年（1177）五月十三日条では、崇徳院と頼長の鎮魂をはかるために、二人を神として祀るために神祠を建立することが議された、とある。また頼長には贈位贈官を行うことも記されている。

また十七日条では、頼長に正一位の官位と太政大臣の官職を贈ることが記されている。頼長の贈位贈官は、かつて菅原道真の怨霊を慰めるために死後、正一位・太政大臣が贈られた先例にちなむものである。また崇徳院に対しては、罪人であるために今までは院号も無く、配流された地名にちなんで「讃岐院」と呼ばれていたのを「崇徳院」という院号を奉ることが決まった。この諡号自体、院に「徳」があったことを示して怨霊の鎮魂・慰撫を行うための命名なのである。

こうして二人の鎮魂を図ろうとしている間に、また事件が勃発する。6月に鹿ケ谷の陰謀が発覚した。

鹿ケ谷の陰謀事件とは、簡単にまとめると次のとおりである。

次第に勢力を増す平氏に対し、後白河院の院近臣《いんのきんしん》の中には反平氏の気運が高まり、遂には平氏打倒を目指す動きも生まれて来た。しかし、陰謀が発覚し、平清盛により院近臣がとらえられ、三人が死罪、残りの人たちは流罪となった。しかし、この事件は、後白河院の勢力をそぐために、院の近臣を一掃したい平清盛がでっち上げた謀略という説もある。この事件で院近臣がいなくなったため、院の執行は停止した。そのため、後白河院は一段と精神的に追い詰められていった。

1176年の後白河院・藤原忠通の関係者四人の死亡。1177年の京都の大火、太郎焼亡。そして同年の鹿ケ谷の陰謀の発覚による院近臣の斬首・流刑。この三件の大きな事件により、後白河院は本格的に崇徳院と頼長の怨霊を恐れるようになったであろう、と考えられる。そのため、治承元年（1

177）8月3日、讃岐院に崇徳院の称号が、頼長には太政大臣正一位の官位が贈られ、二人の鎮魂がはかられた。

こうして後白河院は二人の怨霊の鎮魂を図り、天災や戦い・乱れを収め、世の中の不安を無くそうとした。それはまた後白河院自身の身の安全を図ろうとしたためでもある。

しかし、不吉な事件や乱は続いた。

治承2年（1178）3月、京都の町の南部を焼く「次郎焼亡」が起こった。三十余の町が全焼したといわれる。

治承3年（1179）11月、平清盛によるクーデターが敢行された。清盛は数千の大軍を率いて上洛し、朝廷を制圧し、人事の大更迭を行った。関白藤原元房（忠通の五男）をはじめ、太政大臣藤原師長ら後白河院の側近ら反平氏とみられる公卿以下三十九名の官職を奪い、その空位に平家一門あるいは平家に親しい人たちを昇格させた。また、後白河院を鳥羽殿に幽閉した。

治承4年（1180）4月、安徳天皇が即位した。これは、安徳天皇が清盛の孫にあたるため、平氏主導ですすめられた。その即位に不満を持った後白河院の第三皇子、以仁王が平家討伐の令旨を出した。その対策として、清盛は以仁王の逮捕を決めた。平氏に追われた以仁王は宇治で敗死した。しかし、やがて以仁王の令旨の効果が表れ、8月の源頼朝の挙兵を始め、諸国源氏の蜂起が続き、やがて全国各地で内乱状態になった。

12月、清盛の五男、平重衡が東大寺・大仏および興福寺を焼失させる事件が起こった。この頃、南都（奈良）の寺院勢力の力は強く、多くの僧兵を抱え、東大寺・興福寺はたびたび強訴を行っていた。

平氏は南都を討つことで畿内の基盤を固めようとした。これまで南都勢力は朝廷の保護もあり、一度も武力攻撃を受けたことはなかった。しかし、平氏は、近江・伊賀・伊勢を平定した後、南都への攻撃を開始した。平重衡は大仏を焼く予定はなく、僧房を焼き払う予定だった。配下の者が周辺の民家に放火したところ、折からの強風で東大寺・興福寺まで飛び火した。これらの寺では、大半の建物が焼失し、東大寺では大仏も焼けてしまった。僧侶や寺に避難していた民衆など数千人が焼死したという。

当時、東大寺の大仏は、国家鎮護の象徴と考えられていた。仏教によって国家の安泰を図る、その意思を目に見える形として作られたのである。東大寺では「天下が栄えればわが寺も栄え、天下が衰えればわが寺も衰える」と言われていた。この焼き討ちのことを伝え聞いた当時の人々の心情はいかばかりであっただろう。

当時、平安時代末期は仏教でいう「末法の世」と考えられていた。

末法思想とは、釈迦入滅後《しゃかにゅうめつご》、五百年は正しい仏法が行われる正法《しょうぼう》の時代が続くが、次いで正しい修業が行われないため、悟りを開く者のない像法《ぞうぼう》の時代が一千年あり、さらに教えのみが残る末法の時代一万年を経て、教えも消滅した法滅の時代に至るという考えである。(3) 日本では１０５２年を末法元年とする説が多く信じられた。平安末期から鎌倉時代にかけて広く浸透し、厭世観や危機感をかきたてた考えである。

東大寺の大仏が焼失し、仏教の教えを導く多くの僧が焼け死んだということは、この末法思想に合致した。そのため多くの人々が、この世もいよいよ末世であることを実感した。末法の世になると仏の教えが廃れてしまうため、人の心も世の中も乱れていくのだと恐れおののいたのである。

平氏は、寺院勢力のほとんどを敵に回し、反平氏勢力の追討にも十分な成果を上げられない状態だった。そのため、京都の貴族の心はますます平氏から離れていった。このような状態を打開するために、12月清盛は後白河院の幽閉をといた。

養和元年（１１８１）1月、高倉上皇が二十一歳で崩御した。後白河院は高倉上皇が行っていた院政を再び自分のものとし、院政を再開した。

清盛は2月末ごろから高熱にうなされ、閏2月4日に死去した。何日間も高熱に苦しんだ挙句に死んだという。この清盛の死んだときの様子から、大仏や僧・南都を焼いた報いであると人々は噂したという。

清盛の死によって院政を再開し、復権できた後白河院ではあったが、清盛の死の様子を聞いて恐れおののいたことだろう。清盛も自分と同じように保元の乱の勝者であり、崇徳院・頼長は敗者である。自分も清盛と同じように崇徳院や頼長を陥れ、その結果、二人とも非業の最期を遂げた。二人の鎮魂を図ってきたが、その効果はまだ完全ではない。世の中の情勢は不安定であり、完全に鎮魂されていないことを痛感していたからである。

さて、この養和元年（１１８１）から二年間、養和の大飢饉と呼ばれる大飢饉が発生した。『方丈記』には

養和のころとか（中略）二年があひだ、世の中飢渇して、あさましき事侍りき。或は秋大風洪水

など、よからぬ事どもうちつづきて、五穀ことごとくならず（後略）

と、その惨状が記されている。特に西日本に被害が大きかったため、西日本を本拠地とする平氏の受けた打撃は大きく、源平合戦の結果にも影響するほどであった。

消費都市であった京都は、特に甚大な被害が出た。仁和寺の僧、隆暁《りゅうぎょう》は路上の死者を供養したが、その数は二か月で四万三千人余りであったという。

寿永元年（１１８２）、京都では、疫病が大流行した。

後白河院の執事、吉田経房は6月に日記『吉記』に「二条・六条・高倉三帝の死去は全て頼長の怨霊がしたのだ。崇徳院や忠実も加わったか。（現代語訳）[4]」と記している。

この頃、朝廷・貴族をはじめとする人々の心理には「世の中の混乱は頼長の怨霊が招いている」という考えが十分あったことが裏付けられよう。

寿永2年（１１８３）7月には、木曾義仲の軍が都に迫り、平氏一門は安徳天皇を擁して都落ちした。その時、正当な皇位継承の象徴・証である三種の神器も平氏と共に西国に運ばれた。8月には平氏一門の人々二百余人の官職が剥奪され、その所領は没収された。8月20日には、平家とともに都落ちし西海に逃れた安徳天皇に代わり、神器がないまま四歳の尊成親王（後の後鳥羽天皇）が践祚した。しかし、皇室のシンボルである鏡・剣・璽は安徳天皇の手にあり、安徳天皇が退位せず後鳥羽天皇が即位したため、二年間二人の天皇が並立していた。

このような混沌とした状況にあって、崇徳院の御霊を慰めるために、神祠の建立が後白河院から提案された。後白河院による神祠の提案は、天下の混乱が依然として長く続き、世間ではそれが崇徳院の怨霊のせいである、という噂が流れていたためである。安徳天皇に代わって践祚させた後鳥羽天皇の治世が安泰であるよう、誠意を見せて怨霊の鎮魂を図ろうとしたのである。

崇徳院の神祠をどこに建立すべきか、なかなか決まらなかったが、春日河原に建立することが寿永2年（1183）12月29日に決まった。春日河原は崇徳院の御所があった場所でもあり、保元の乱の戦場でもあった。

寿永3年（1184）3月、最後の源平合戦、壇ノ浦の戦いで平氏は負け、戦いは終わった。同行していた安徳天皇は入水自殺した。その時、安徳天皇と共に三種の神器も海に沈められた。このうち八咫鏡と神璽（勾玉）は見つかったが、天叢雲剣（草薙剣）は遂に見つからなかった。正当な皇位継承の象徴・証の三種のうち一種が無くなるという大失態が起きた。これは平氏の最後の抗議、いや復讐であった。

同年4月15日、崇徳院と頼長を祀る神祠が建てられた。『師守記』によると、「崇徳院廟が西側に、頼長廟が東側に並び建てられた」とある。崇徳院・頼長は神として祀られることになった。これで二人が罪人でない証を示したのである。後白河院は、二人を神として崇め祀ることによって、怨念を慰め、怨霊の鎮魂を図ろうとしたのである。

しかし、天下の混乱はなかなか収まらなかった。

やがて、最も恐るべき大災害に見舞われた。

元暦2年（1185）、またもや京都で疫病が大流行した。そして7月9日には京都で大地震が起きた。推定マグニチュード7、4。元暦の大地震として有名である。
　鴨長明の『方丈記』(5)では、その様子がリアルに書かれている。

　　をびただしく大地震《をほなゐ》振《ふ》ること侍《はべり》き。その様、世の常ならず。山は崩れて河を埋み、海は傾きて陸地《ろくぢ》をひたせり。土裂けて水湧き出て、巌《いはほ》割れて谷にまろび入る。渚《なぎさ》漕《こ》ぐ船は波にただよひ、道ゆく馬は脚の立《たち》どをまどはす。

　現代語訳をすると、次のとおりである。
　大きな地震がとても多く発生した。その様子は全く尋常ではない。山は崩れて川をうずめ、海面が傾いて（大きな津波が来て）陸地を水浸しにしてしまった。地面が割れ、水が噴き出し、液状化現象がおこった。岩は割れて谷に転がり落ちる。波打ち際を進んでいた船は波に翻弄され、道を歩いていた馬は立っていられない。
　まるで、２０１１年の東日本大震災の情景を思い起こさせる。このような大災害が京都で起こったのである。

　　都のほとりには、在々所々、堂舎塔廟一つとして全《また》からず。或は崩れ、或は倒れぬ。塵灰《ちりはひ》立ち上りて、さかりなる煙の如し。地の動き、家の破るる音、雷《いかづち》にことならず。家の内にをれば、忽《たちまち》にひしげなんとす。走り出づれば、地割れ裂く。（中略）恐れのなかに恐るべかりけるは、ただ地震《なゐ》なりけりとこそ覚え侍《はべ》りしか。

都の周辺では、あちらこちらの寺の堂舎や塔、廟などの建物が倒壊し、無事なものは一つもない。あるものは崩れ落ち、あるものは倒れた。そのため、塵や灰が舞い上がって（燃え盛る炎の）煙のようである。大地の動く音、家が破壊される音はまるで雷鳴のようである。家の中にいれば、すぐにでも押しつぶされるようだ。屋外に走って逃げれば、地面が割れて裂ける。（中略）恐ろしいものの中で一番恐ろしいものは地震であると思っております。（この世の中で一番恐ろしいものは地震です。）

『方丈記』以外にもこの地震のことが多くの書物に記載されている。『玉葉』[6]・『醍醐雑事記』・『歴代皇紀』・『吉記』・『山塊記』・『百錬抄』・『愚管抄』などである。

〔古代・中世〕地震・噴火資料データベース（ベータ版）によると、元暦2年6月20日の強い地震（元暦の大地震の前震）についての資料は六点、同年7月9日の本震については二十五点もある。余震は9月末までに二百三十回にも及んだらしい。[7]

『吉記』によると、白河の法勝寺では、金堂回廊・鐘楼・阿弥陀堂・九重塔などが破損した被害が記述されている。『山槐記』では「近江湖（琵琶湖）の湖水が、北に流れて減少し、岸辺が干上がったが、後日もとのように水が戻って岸に満ち、宇治橋を渡っていた十数人が川に落ち、一人が溺死した」様子が著されている。これは、琵琶湖の南で津波が発生したためかもしれない。

被害は、京都と近江での状況のみが記されている。そのため、琵琶湖西岸帯南部の堅田断層の活動による内陸地震だったと考えられている。ただ当時の記録が京都に住む貴族らの日記などであることを考慮すると、自分の生活圏のみの記述であり、京都から離れた地域での被害は記されなかった、と考えられる。

そのため、その震源が南海トラフ説もある。これは『平家物語』にこの地震について「遠国近国のかくのごとし」の記述があり、この説が出るきっかけとなった。この記述から都司嘉亘《つじよしのぶ》は、この遠国を土佐と比定し、南海トラフ地震と想定した。(8) また「山は崩れて河を埋み、海かたぶきて浜をひたし、巌われて谷にころび入り、洪水漲り来れば、をかにあがりてもなどか助からざるべき」を津波の被害と考えた。

もし、この地震が内陸性ではなく、南海地震のような大地震であれば、太平洋、伊勢湾沿岸の地域は津波に襲われたことであろう。

その論が正しければ、伊勢湾の最も奥まったところに位置し、市江川、佐屋川に挟まれ、その河口部の、ほぼ海岸線上にある市江島にも津波が到達した、と考えられる。堤防や波消しブロックなどが無かった平安時代末期の人々には、津波はとても大きな脅威であったことであろう。

ちなみに、最初の御霊会が京都で行われたのは貞観5年（863）である。この年には京都で疫病が流行っていたが、富山県・新潟県で大地震が起こり、圧死者が多数出た年でもある。貞観11年（869）にも御霊会が行われた。この御霊会は、神泉苑に日本の国の数と同じ六十六本の鉾を奉納して行われた。この年には、千年に一度といわれる東日本大震災と同じ地域・規模の貞観大地震が起こり、大津波も襲った。その十二日後に行われたのである。御霊会とは無実の罪が着せられて恨みを持ったまま死んだ御霊（怨霊）を慰撫するための祭祀である。平安時代の皇族や貴族の間では、天災や疫病は御霊のしわざという考えがあった。そのため、地震の沈静を願うことも御霊会の目的の一つだったと考えられる。地震の原因となった怨霊の鎮魂のための御霊会が行われたのである。

さて、この大地震により、後白河院の怨霊への恐怖はよりいっそう高まったことであろう。

これまで、崇徳院や頼長の鎮魂のため、神祠を建て、二人を神として祀った。考えられる最高の鎮魂を行ったのに、その効果が全く無いどころか、今までにない最悪の災害が起こったのである。

７月９日の大地震から一か月後、８月14日に文治と改元した。当時は、災害や疫病の流行など凶事に際してその影響を断ち切るための、災事改元がよく行われていた。この改元も災事改元である。

当時は、為政者に徳が無いと天災が起きる、という考えがあった。中国の儒教思想の災異説である。意思を持った天が自然災害や異常現象を起こして人に忠告を与える、という考えである。

これらの天災や凶事の連続は、院政を復活させて自信満々だった後白河院の心境にも変化をもたらしたであろう、と推測できる。

ところで、今までの災害やなどは、後白河院自身の生命を直接脅かすものではなかった。

しかし、文治３年（１１８７）、後白河院自身の生命が危ぶまれる病気に罹患する。瘧《おこり》にかかったのである。[9]『玉葉』によると、３月22日に発病したらしい。瘧とは、マラリアのことであり、一日から二日おきというように周期的に悪寒と発熱を繰り返す。一説には、平清盛はこの瘧で死んだという。

後白河院の震えははなはだしく「ほとんど物狂ひ」のようであったという。

そのため、京の寺々で薬師経や千手経の読経をはじめとした修法が行われた。

源頼朝は、以前、１１８５年の元暦の大地震の原因は崇徳院の怨霊だと考え、後白河院に崇徳院の御霊を崇めるべきである、と提言している。そのため、今回の後白河院の病気平癒のために、関東でも、鶴岡八幡宮・勝長寿院・箱根山・走湯山《そうとう》などで、般若心経転読を行わせた。

4月23日には先帝の諡号《しごう》を安徳とする勅が下された。この諡号は、先帝に「徳」があったことを示して、怨霊の鎮魂を図ろうとしたのである。

これらのことから、後白河院は、自分が瘧にかかったのは、崇徳院と安徳天皇の怨霊の祟りのせいだ、と考えていたことが推察できる。頼長のことは記録に書かれていないが、崇徳院と同じように神として祀り上げているから、当然頼長のことも同じように気にかけていたことだろう。

これまで、後白河院は仏教の熱心な信者であったため、仏の加護により、これらの怨霊からの直接的な攻撃を受けることはない、と考えられていた。しかし、この瘧発病から自分の身体も怨霊の祟りによって狙われ、いつ生命を奪われても不思議ではないことを悟ったことであろう。

建久2年（1191）、再び後白河院は重病に罹った。

『玉葉』建久2年閏12月14日条には、次のようにある。後白河院は、崇徳院が崩御した讃岐国と安徳天皇が崩御した長門国に、それぞれ堂を建立して菩提を弔い、それぞれの乱で亡くなった人々の霊の鎮魂を行うように命じている。[10]

讃岐の崇徳院墓所に三昧堂を建立すべきかどうかは、安元3年（1177）に、崇徳院の怨霊が認識された初期の段階ですでに議論されていたが、中断されていた。後白河院は、そのことが気にかかっており、病に冒された建久2年末に再び堂の建立を提言した。そして、今回は、崇徳院とともに安徳天皇の堂も建立しようとした。[11]

しかし、堂が建立される前に、建久3年（1192）3月13日、後白河院は崩御した。

やがて、後白河院の死により、崇徳院・頼長・安徳天皇の怨霊の祟りの考えも沈静化していった。狙われるべき後白河院がこの世からいなくなったことにより、三人の怨霊がこの世に祟りをなすことが無くなった、と考えられたからだろう。

（1）『百練抄』とは、公家の日記などの諸記録を抜粋・編集した歴史書。
（2）『愚昧記』安元三年五月九日条　山田雄司『跋扈する怨霊』九三頁
（3）末法思想については『大辞林』（三省堂）より抜粋した。
（4）河音能平《かわねよしやす》『中世封建社会の首都と農村』一一九頁　原文は漢文　現代語訳は筆者吉田由貴子による。
（5）『方丈記　徒然草』校注者　佐竹昭広　久保田淳　一四頁から一五頁
本文は漢字カタカナ交じり文であるが、わかりやすいようにカタカナはひらがなと漢字に換えた。また漢字に振り仮名を、また句読点などを加え、読みやすくした。
（6）『玉葉』平安時代末期から鎌倉時代前期までの九条兼実の日記。六十六巻。
（7）『地震の事典　第2版（普及版）』
（8）都司嘉宣「『平家物語』および『方丈記』に現れた地震津波の記載」
（9）山田雄司『跋扈する怨霊』一〇三頁
（10）山田雄司『崇徳院怨霊の研究』一五一頁

（11）山田雄司『崇徳院怨霊の研究』一五一頁

六　後白河院領となってからの市江庄

前述したように、保元の乱で藤原頼長が敗死すると、その荘園だった市江庄は勝者である後白河天皇の後院領となった。後白河天皇はこの戦いで、頼長領二十九か所を手に入れたのである。[1] 後院とは、天皇が譲位後の御所として、あらかじめ定めておく御殿のことで、その経済基盤となるのが後院領である。新たに手に入れた荘園は国家財政の収入となるわけではなく、後白河天皇の私的財産となり、その税収は全て後白河天皇個人の収入となった。

さて「市江祭記」によれば、以前には行われていたが今は行われなくなってしまった神事が「文治の頃」にまた復活した、という。そのきっかけは、召使いの童の神託（神のお告げ）だという。

文治に改元する前の十年間は、京都では大事件や大災害が勃発した。（藤原頼長の怨霊の鎮魂年表参照）それは安元2年（1176）から始まった。三か月の間に後白河院と藤原忠実の関係者四人が次々と亡くなった。次に京都の三分の一と内裏まで焼く大火事「太郎焼亡」、それに続く「次郎焼亡」。鹿ケ谷の陰謀の発覚、後白河院の近習の斬首。平重衡による東大寺の消失。源平合戦と安徳天皇の崩御と平家の滅亡。そして全国各地における大飢饉、疫病の流行などが立て続けに起こった。極めつけは元暦2年（1185）京都での大地震。院御所も破損がひどく、住むことができない状態であった。そのため「文治」と改元されるほどであった。

おりしもこの時代は仏の力が衰える「末法」の時代だと考えられる「末法思想」ともあいまって、皇族・貴族から庶民に至るまで不安を抱き、精神的に不安定であった。

寿永3年（1184）崇徳院と頼長のために神祠を建立[2]、二人を神として祀り、慰撫をはかったが、その翌年の大災害であった。

「神として祀り崇めても、崇徳院や頼長は許してくれない。この世の中を混乱に陥れ、天下をずたずたに切り裂こうとしているのか。二人を陥れた私を、どこまで苦しめようとするのか。」

後白河院を始め、貴族たちの心は、苦悩と恐怖の渦に巻き込まれていったことだろう。そのため凶事を断ち切るために「文治」と改元したのである。

鎌倉時代初頭、皇族・貴族・僧侶が住む京都と幕府が置かれた鎌倉では多くの記録が残っているが、地方の記録はほとんど残っていない。そのため、地方の市江庄の当時のことは推理で考えるしかない。しかし、筋道が通り、矛盾が無ければ、その推理もあながち間違いではないかもしれない。私は、当時の社会状況や末法思想など不安の多い心理状態などを考慮し、祭を始める経緯を考えてみた。

文治の頃、市江の祭祀が華やかに行われるようになった。その理由は藤原頼長の鎮魂のためではなかったか。具体的に記録には残っていないが、頼長に関係する土地で祭祀が行われたとしても矛盾はしない。

市江庄は元来頼長領であった。藤原摂関家から頼長に受け継がれた荘園だったのである。しかし、頼長が保元の乱で敗死すると、この荘園は敵である後白河院に奪われてしまった。

そのため
「今では頼長様を死に追いやった後白河院様に年貢を納めている。自分たちは後白河院様の栄華に貢献しているのである。頼長様の怒りはいかばかりか。頼長様の恨みが大事件や大災害や疫病の流行などの大災害を招いているのだろう。」

荘園領主の変わった市江庄の荘民の心境は複雑であっただろう。

また、市江庄の人々は、平治の乱の時、敗者である源義朝を見ている。市江庄の荷之上などの各地で義朝についての伝承が残っている。義朝の敗走ルートと伝承は、以下のとおりである。(3)

義朝は戦に負けて、都から家臣の妻の実家がある愛知県美浜町野間に向かった。その途中三男の頼朝は大雪ではぐれ、二男の朝長はその傷が深いため、岐阜県大垣市青墓の宿で自殺した。残った義朝主従は青墓の宿から船に乗り、東国を目指した。偽装するために、柴を船に積み、その下に隠れた。やがて船は愛知県愛西市立田町に着いた。村の家々からは、朝食の粥を炊く煙がたなびいていた。あまりの空腹に耐えかね、船から上がって、岸辺近くの藤右衛門の家に粥を請い、馳走してもらった。それだけでは足りなかったので、隣の三右衛門の家の分も馳走になった。しかし、義朝は落ち武者の身、何も礼をするものが無い。それで「義朝が再び世に出た時には、御粥藤右衛門、小粥三右衛門と名乗り出てくれ」と言い、再び船に乗った。粥を食べた時に箸として使った柳の枝の枝先を下に刺したので、ねじれて根付き、大木となった。「ねじ柳」と呼ばれ、有名であったが、明治20年代の河川改修工事で木曽川の川底となり、水没した。

その後、弥富市荷之上に着き、ここからはもう安全だと積み荷のように装い身を隠していた柴を下ろした。その柴が根付き、柴ケ森という森になったという。

そこから東に進み、海部郡蟹江町源氏に出た。近くの漁師に水先案内を頼んだ。ここでも礼をするものが何もないので「義朝が名を挙げたと聞いたら源氏島の者と名乗り出てくれ」と言って去った。これ以降、ここは源氏島と呼ばれることとなった。現在も蟹江町大字西之森字源氏として小字名として残っている。

この時、立田や市江の荷之上、源氏島の人達は平治の乱の敗者、源義朝の名を知ったのだろう。

その後、野間に着いた義朝主従は、だまし討ちに遭い、殺されてしまう。

やがて、立田・市江・源氏島の人たちは、義朝主従の最期を知る。彼らの知る義朝らは、戦の後の汚れた、傷ついた姿であったであろう。身分の高い人たちでも、負け戦ではこのようにみじめに逃走しなければならず、最後には殺されてしまう。

実際の戦は京都で行われたが、その当事者の敗走中の姿を見て、心を痛めたのではないだろうか。それは市江庄や立田の人々の心に強く刻み込まれたことだろう。市江庄の人々にとって、かつての市江庄の荘園領主であった藤原頼長の敗走の様子や最期を連想させるには十分だっただろう。

また、確証は無いが、市江庄の人々は、保元の乱に参加していた可能性もある。荘民は、荘園領主、この場合は藤原頼長家に勤労奉仕する義務があった。京上夫という。荘園領主の多くが京都に多く集住していた関係上、領主は荘民らを上洛在京させて雑役に服させるのが常態であるので、この呼称がうまれた。荘官らが、軍役などの諸役をつとめさせるため、配下の荘民らを京上夫と称して集団で引率して上洛することもあった。

この乱の三日前には、藤原忠実・頼長が荘園の軍兵を集めているとの噂があるため、それを停止するよう御教書が出された。(4) このことは、荘園の人達が自主的か強制的かわからないが、京都の頼長邸に集まっていた可能性があることを示している。そのため、この停止令が出された可能性もある。もしそうなら、市江庄の人々は、この悲惨な負け戦を実際に見たり、体験したかもしれないのである。戦への参加が無かったとしても、頼長家で雑役に服したり、都へ年貢を運んでいた荘民が目撃したかもしれない。

もし参加または目撃していれば、負け戦の悲惨な様子は強烈な印象で市江庄の人々の脳裏に焼き付いたことだろう。市江庄に帰った人々により、その悲惨な負け戦の話は市江庄の人々に伝えられ、大きなニュースとなって広められ、語り継がれたことであろう。

そのため、頼長の鎮魂の祭をするよう勅命があれば、市江庄の人々はすぐにその意味を理解した可能性は大きい。それで、童子を使って神意を占わせたのである。昔は七歳までの童子は人とも神ともつかぬ存在と考えられていた。乳幼児死亡率の高かった時代、すぐにあの世に帰ってしまう幼児は半ば神として考えられていた。そのため、神の意志を人間に伝えるために占いの時に使われたのである。当時、朝廷でも何かを決める時には、占いで決められた。そのため陰陽師という占いの専門家がいたのである。

そして、占いの結果、頼長を神として祀り、鎮魂を図ることとなったと考えられる。

ところで、市江庄から市江川を挟んだ北隣に日置《へき》庄があった。現在の愛西市日置町を中心とした旧佐屋地区である。この日置庄も藤原頼長領であったが、後白河院に奪われることはなかった。頼長の父忠実が、これは摂関家の荘園で、頼長個人の荘園ではない、と主張したからかもしれないが、藤原家領として残ったのである。

この日置庄は津島の南に隣接し、津島神社にも近い。それにもかかわらず、津島祭の祭礼には全く参加しない。これは、どういうことなのだろうか。

日置庄は後白河院領に編入されることはなかった。そのため、頼長の恨みは、この荘園やそこに住む人に向けられることはないと考えられたのであろう。このような理由から、日置庄での祭の必然性は生じなかったと考えられるのである。

さて「文治の頃から始められた祭」について、その契機が二種類考えられる。

まず一つ目は、後白河院側、朝廷からの命令で、頼長の霊を慰撫するために祭を始めた、と考える説。

後白河院は、元号を元暦から、世の中の平和を願う「文治」に変えた。またこの世の中を乱していると考えられる怨霊、すなわち崇徳上皇・頼長・安徳天皇・平家一門など戦乱で亡くなった人々の鎮魂に力を入れた。文治元年（１１８５）には、安徳天皇を始め、西海に沈んだ平家一門の霊の鎮魂のために五輪塔一万基を作って供養をした。(5)

しかし、文治3年（１１８７）3月22日、後白河院は瘧《おこり》（マラリア）という病にかかる。後白河院の震えは甚だしく「ほとんど物狂ひ」のようであったという。そのため、京の寺々で薬師経や千手経の読経を始めとした修法が行われた。関東でも鶴岡八幡宮・勝長寿院・箱根山・走湯山《そうとう》などで大般若経転読が行われた。4月9日には「崇徳院廟ごとに祈り申さるべし」と命じられている。また23日に先帝の諡号《しごう》を「安徳」とする勅が下された。この諡号自体、天皇に「徳」があったことを明示して、怨霊の慰撫を行うための命名であった。(6) 源頼朝も伊豆相模両国の社寺に命じて後白河院の病気平癒のために祈祷をさせた。

後白河院は、崇徳上皇・頼長らの怒りのターゲットが遂に自分に向けられた、と考えたことだろう。この時代は「病気の原因は怨霊の祟りによるもの」と考えられていたので、これらの措置は当然であった。

「市江祭記」(服部家本(二)・宇佐美家本・佐藤家本) には「文治の頃」(1185～1190) に大規模な祭がこの時に始まった、と記されている。後白河院は頼長領だった市江庄など多くの荘園を奪って自分の荘園とした。その怨みが自分に向けられ、自分の発病につながったと考えたことだろう。そのため、後白河院は旧頼長領の荘園に命じて、祭祀を行うことにより頼長の鎮魂をはかり、後白河院の病気平癒を祈願させたと考えられる。そのため市江庄でも頼長の怒りを鎮め、疫神になった頼長の怨霊を鎮魂させる祭が始まったと推測される。

また、祭の始まりは「後鳥羽院の御宇」(1184～1198)(「市江祭記」黒宮家本・服部家本(一)) と書かれているものもある。

つまり、現存する「市江祭記」全てに祭の創始時期が文治の頃、または後鳥羽院の御宇と書かれており、全く合致するのである。やはり、この時期に祭を始めなければならない大きな理由があり、そのことは代々伝えられたのだと考えられる。

建久2年（1191）閏12月に、後白河院は、再び重篤な病に侵された。同月24日には、後白河院は、崇徳院と安徳天皇が崩御した讃岐国と長門国にそれぞれ堂を建立して菩提を弔い、29日には頼長の廟に奉幣した、と『玉葉』の記録に残る。

一方、鎌倉の源頼朝も後白河院の病気平癒を祈念している。(7)『吾妻鏡』によれば、同月27日、頼朝は後白河院のために自ら法華経を読誦している。頼朝は次のように考えたのかもしれない。「自分や源氏一門は保元の乱で崇徳院や頼長に、源平合戦で安徳天皇や平家一門に勝利した。その結果、彼らは不幸な最期を遂げた。その怨みがこの世の中を乱し、後白河院を病で苦しませている。自分の立場は後白河院と同じである。いつ自分にも彼らの怨霊が取り付くかもしれない」と。そのため、頼朝は怨霊の鎮魂を図り、後白河院の回復を祈った、と考えられる。

翌建久3年（1192）正月2日には、勅命で伊勢神宮に奉幣し病気平癒を祈願し、17日には六条院で孔雀経法を修するなど、あらゆる神仏祈願が続けられた。

この時にも病気平癒のために、頼長の鎮魂のための祭を行うよう、市江庄にも勅命が下された可能性がある。

文治元年・3年・建久2年から3年にかけて、災害の頻発や後白河院の発病など、頼長の怨霊が原因だと考えられる事件が起こるたびに、頼長の荘園だった市江庄に鎮魂の祭の勅命が下された可能性は大いに考えられる。

また、このように何年も祭祀が行われることにより、祭が毎年行われるようになったのかもしれない。祭が継続されるようになった理由の一つとして考えられるかもしれない。

後白河院は、建久3年3月13日、六十六歳で崩御した。京都では祟られる本人が亡くなったことにより、鎮魂の祭祀は行われなくなった。

しかし、市江では祭祀は継続して行われた。「疫癘忽鎮り、万民安堵の思ひをなしけるとなり」（「市江祭記」服部家本㈡・宇佐美家本・佐藤家本）とあるように、祭の効果が大きかったので、毎年行われるようになったとも考えられる。そうならば、勅命が無くても、自分たちの意志で祭を継続していったと考えられる。

二つ目の説として、勅命が無くても、市江庄の人々が自主的に頼長の鎮魂の祭を始めたとも考えられる。理由は前述のとおりだが、市江庄で飢饉や疫病の流行などの災害が続けば、頼長の怨霊の祟りと考えるのが普通であろう。また、元暦の大地震（１１８５）が南海トラフ大地震であったとすれば、市江庄は津波に襲われたと考えられる。自分たちの力だけではどうにも抗うことのできない巨大な自然災害の原因が頼長の怨霊のせいだ、と当時の人々は考えたであろう。津波が頼長の鎮魂の祭の契機になったとも考えられる。

いずれにせよ、市江の人々は、頼長の怨霊の鎮魂のため、藤原摂関家出身で元内覧の地位にあり、死後に貴族としては最高位の正一位を贈られ、神として祀られた頼長が乗るのにふさわしいよう、新たに大型で美しい装飾を施した祭船を造り、舞楽を奏する京都風の祭を始めた、と推測される。

（1）安田元久『後白河上皇』四二頁

（2）『吉記』寿永三年四月十五日条　山田雄司『崇徳院怨霊の研究』一四三頁所収

（3）以下源義朝については『新編立田村史　通史』第一部第三章第三節　義朝と立田（ねじ柳の故事）による。筆者は小杉正氏
（4）山田雄司『崇徳院怨霊の研究』七〇頁
（5）山田雄司『崇徳院怨霊の研究』一二六頁
（6）山田雄司『崇徳院怨霊の研究』一〇四頁
（7）安田元久『後白河上皇』一七六頁

七　藤原頼長が乗る市江車

さて、前述したように、市江庄では、頼長がこの世に残した恨みから生じた怨霊を鎮魂・慰撫するために祭が始められた、と推測した。頼長の怨霊がもたらしたと考えられる疫病の流行や災害などを鎮めるためである。

ところで、１１８５年頃（平安時代末期・鎌倉時代初期）の草創期の祭の様式や船の形態は現在のものとは全く異なっていたと考えられる。現在の市江車のように大きく豪華な船、ましてや二艘の船をつないだ双胴船であったとは限らない。

また、現在の祭船に載せられている能人形についても以下のように考えられる。

能はもともと中国から伝来した曲芸や歌舞のような雑多な技芸であった。現代の能のように謡を入れた音楽劇になったのは、観阿弥・世阿弥父子が活躍した1370年代以降である。観阿弥率いる一座が室町将軍足利義満に見いだされ、世阿弥が将軍家の嗜好に合うように能を改めていった。現在観られる能の演目のうち「翁」以外は観阿弥以降の作品だと言われている。その後、織田信長や豊臣秀吉が京都に上り能の文化に触れ、それを好んだことにより、能の文化が日本各地に広がった。江戸時代に入り、徳川幕府が能を式楽《しきがく》（公儀の儀式に用いる芸能）としたことにより、能は芸能における最高位を獲得した。そのため各藩でも式楽のための能役者を抱え、武士身分として俸禄を与えた。このような能の歴史から考えても、津島天王祭の能人形が作られるようになったのは十六世紀以降と考えられる。それ以前に飾り物の人形が出ていたとしても必ずしも能の衣装を着せた能人形とは限らない。津島筏場車の記録である「大祭筏場車記録」にも十五世紀には能以外のいわゆる風流の飾り物が多く出されたことが記されている。

つまり、津島天王祭において、能人形の形態が確立したのは室町時代後期以降だと考えられる。さて、1185年頃、能人形が飾られていなかったとすれば、人形を載せる大屋台・小屋台は必要ない。それらの屋台がなければ、船の高さも低く済むので、バランスを取りやすくなり、双胴船にする必要がなくなるため、一艘の船でもよいと考えられる。

以上のことから、鎌倉時代初期の草創期の黒宮氏が創始したと伝えられている市江の祭様式や船の形態は現在と大きく異なっていたと考えられる。しかし、当時の資料が残っていないので、その様子は全く分からない。

ところで、現在の市江の祭の様式や船の形態は、津島五車と驚く程酷似している。

市江の祭と津島の祭は、異なる地域で、異なる年代に起こった、全く関係や接点がない祭であった。しかし、現在の両者の祭の様式はとてもよく似ている。その理由として、祭の様式の伝播が考えられる。

天正2年（1574）、織田信長と戦った伊勢長島一向一揆軍の敗北により、それまでの祭の主宰者であった黒宮氏は一族もろとも滅亡させられた、と伝えられている。

そして、その黒宮氏に代わり、宇佐美氏が祭の主宰者である車屋に就任した。現在の車屋宇佐美家の本家は、東保町で唯一、津島市の瑞泉寺の檀家である。この瑞泉寺は、津島五車の今市場の車屋、大橋家の旦那寺でもある。また宇佐美氏といえば、津島十五党の一党であり、古くからの有力な家柄の一つでもある。以上のことから、宇佐美氏は津島から市江に派遣されたと考えられる。宇佐美氏が津島の祭の様式を市江に持ち込み定着させたと考えるのが、一番矛盾なく論理的に解釈できるのである。

さて、話を戻し、市江車は藤原頼長が乗る船なのかを考えてみよう。

私は、市江車特有の「唐破風の屋根」と腰なげしに描かれている「下がり藤の紋」（冒頭カラー写真4）に注目してみた。この二点に藤原頼長に関するヒントが隠されているのでは、と推測してみた。

まず、唐破風の屋根について考えてみよう。唐破風の屋根は、市江車特有のもので津島五車には無い。江戸時代の明暦2年（1656）津島の車が、屋根を唐破風に変えたところ、市江から抗議を受け、また元の屋根に戻させられたという記録がある。少なくとも江戸時代前期ころまでは、抗議を唱えた市江の人（々）にとっては、唐破風の屋根は市江特有のものであり、津島の車には用いてはいけない理由が理解され、継承していたことがわかる。それは漠然とした考えだったかもしれない。市江車には唐破風の屋根が必然的であり、津島の五車には使ってはいけない決まりのような暗黙の了解があったことがわかる。

ところで、唐破風の屋根とは何だろう。事典などで調べてまとめてみた。

唐破風と名前に中国の国の唐の名が付けられているが、純粋な日本発祥の形態である。唐破風の屋根の起源は、平安時代の貴族の乗り物である牛車に始まる。天皇の乗り物は輿であったが、その他の皇族・貴族は牛車に乗った。

牛車の中で一番格が高いのが唐車《からぐるま》（冒頭カラー写真5—A・5—B）である。唐破風の屋根を付けているのでその名がある。上皇・皇后・東宮・親王または摂政・関白・内覧しか乗ることができない大型の車である。その他の貴族は、小型で簡便な八葉車・糸毛車などに乗った。つまり、関白・内覧以上の特別な地位の人しか乗ることができない特殊な牛車の屋根が唐破風なのである。

一方、家紋は平安時代の牛車に付けられた目印から始まった。自分の牛車を捜しやすくするために目印を付けたのである。やがて他の貴族たちも真似て独自の紋を造り、牛車や衣類に付けるようになったといわれている。そして、それが家を表す標章として発展していった。

さて「下り藤の紋」といえば、藤原氏の家紋である。藤原氏の氏神、奈良の春日大社の社紋も下り藤である。

ところで、下り藤の紋を付けた船を出す祭が市江車以外にもあった。神奈川県三浦市三崎町の海南

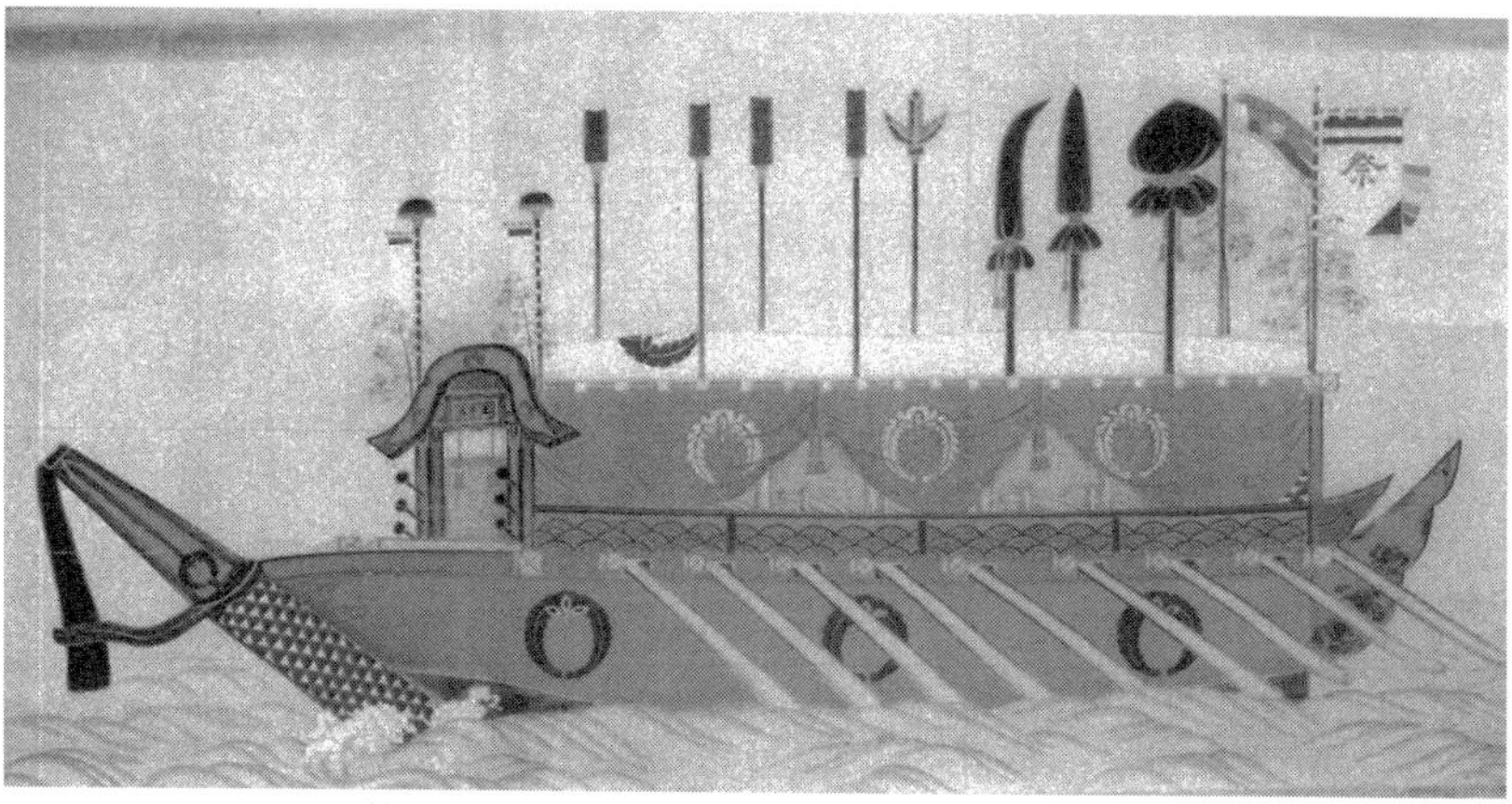

明治頃の三崎のお船『目で見る三浦市史』より

神社例大祭の時に、明治時代まで出されていた「お船」である。

海南神社の祭神は藤原資盈《すけみつ》である。皇位継承擁立の争いに敗れ、九州に左遷される途中に暴風雨に遭い、三崎に漂着した。この地に居を構えると海賊を平定し、漁業を振興するなど、三崎の発展に寄与した人物だという。三崎に漂着して二年後、貞観８年（８６６）に没すると、地元民は祠を建てて資盈を祀った。後の海南神社である。元亀元年（１５７０）に、城が島に海南神社の分霊を祀るようになると、分霊渡御にこの「お船」を使うようになったという。

以上のことを踏まえて、唐破風の屋根がつき、下り藤の紋が付いた乗り物に乗る人物のことを考えてみよう。唐破風の屋根の乗り物に乗ることのできる人物は関白・内覧以上の高位の人物である。下り藤の紋が付いた船に乗る人物といえば、藤原氏出身の人物である。また、市江庄に深い関わりのある人物であるとも考えられる。そして、その祭の起源が「文治の頃」とすれば、その該当者はただ一人、藤原頼長だけである。

藤原頼長は藤原摂関家という名家の出身で、内覧（関白とほぼ同じ）という高い地位であった。しかし、後白河天皇の謀略により謀反人とされ、1156年の保元の乱で傷死した人物である。彼の荘園である市江庄はその時没官《もっかん》され、後白河天皇の後院領となった。しかし、相次ぐ天災や騒乱が続き、頼長の怨霊の祟りかと恐れられた。そのため後白河院（その頃は天皇を退位）は頼長を正一位の最高位とし、廟を造り、神として祀って鎮魂をはかった。その当時、戦で負け、都を離れた土地で死んだ崇徳上皇・安徳天皇・平家一門らと共に、頼長も災いをなす怨霊として最も恐れられていた人物である。

市江の人々は疫病や災害を鎮めるため、笛や太鼓で囃し、頼長の鎮魂をはかった。頼長の乗る船にも苦心した。藤原の家紋である下り藤の紋を書き込み、誰の乗り物か一目でわかるようにした。また牛車の唐車のように唐破風の屋根も付けた。関白・内覧以上の高位の人物の乗り物であることをはっきり示したのである。そこへ頼長の怨霊を招き寄せるためである。死後、鎮魂のために正一位・太政大臣という贈官贈位をされ、神として祀られた頼長が乗るのにふさわしい船にしたのである。

その当時の祭船は、おそらく唐車の牛車から牛と車をつなぐ轅《ながえ》や車輪をはずした屋形の部分を船に載せた形のものであったであろう。その船を美しく飾り付け、楽を奏で、最高のパフォーマンスをして鎮魂をはかったのである。

唐破風の屋根と下り藤の藤原氏の家紋は、長島一向一揆後の市江車にも継承された。その祭船は宇佐美氏によって津島五車と同じような車楽船に形は変えられた。しかし、大屋台の屋根には唐破風の屋根が用いられ、腰なげしに下り藤の紋が描かれた。それは、一向一揆以前の市江車の様子を知っている人物が提唱し、採用されたものだと考えられる。市江の祭船の形は変えられても、市江の人々の心の中にある祭への根本的な考えは変えられず、後世の人々へのメッセージとして残されたのだと推測する。

また、その当時、津島牛頭天王社（津島神社）で御葭流し神事が行われていたかどうかわからない。そのため天王社まで行かず、市江庄の村内で祭が完結していた可能性もある。逆に頼長の怨霊を原因とする祟りから生ずる疫病や災害などの「悪しきこと」を流す手段として、天王社で御葭流し神事が始まった可能性も考えられる。

八　星の宮について

それでは、星の宮とはどのような神社なのであろうか、考えてみよう。

現在、津島天王祭の市江の神事は、西保にある星の宮（星大明社）で行われている。車屋の宇佐美家や市江車の組み立てを行う茨木衆の家は東保にある。東保には八幡社が村社としてあるのに、西保の星の宮で行うのである。現在は東保公民館で行われる鉾の作成や紅白の梅花の花附も、江戸時代には星の宮で行われていたと記録にある。また、能人形作りもかつては星の宮で行われていた。どうして西保の星の宮が津島天王祭に深く関わっているのだろうか。

その答えは、星の宮の参道に秘密が隠されている。参道はほぼ南北に伸びており、その東側が東保、西側が西保と明確に分けられている。つまり、星の宮は東保と西保の中心に位置している。この立地により、過去には、星の宮は東保（村）と西保（村）の共通の村社であった可能性が高い。

また、天王祭の神事の会場になっていることからもわかるように、神事を始めた黒宮氏の氏神であった可能性が高い。

黒宮氏は市江庄を開発した在地領主であったと考えられる。市江庄が藤原頼長から後白河院の手に移った後も、在地領主として市江庄に留まったと推測できる。その本拠地は、星の宮がある西保と東保であったと推測できる。元来は違った名称であったであろうが、後白河院領となったその地は「保」の付く西保と東保となった。

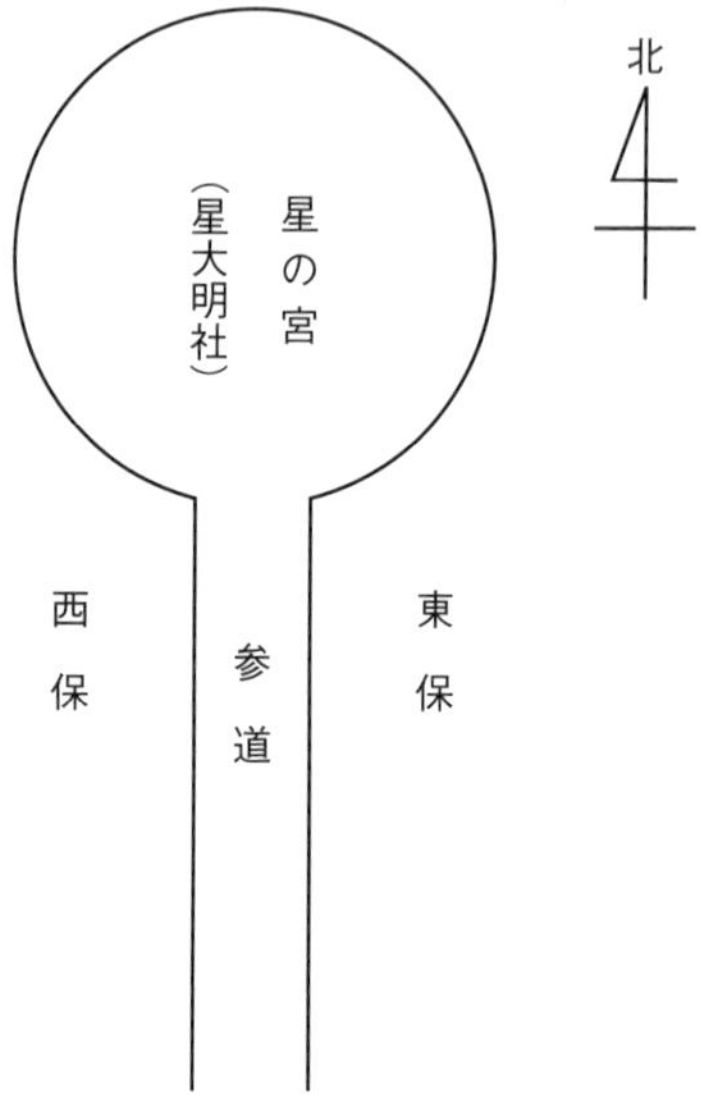

本来、私領を庄または荘と呼び、国衙領の一種を保と呼ぶ。頼長領であった時は、市江庄（荘）は個人の所有する領地であるから、地名に「保」は付かないはずである。しかし、後に後白河院の後院領となったため、国有地と同じ「保」が付くこととなった。

保の在地領主（管理責任者）には、一定地域の土地の占有が認められ、内部の荒れ地の開発・勧農・支配に関する権利が認められていた。この在地領主のことを「保司（ほし・ほうし）」という。

黒宮氏は、市江庄が頼長領から後院領に変わった時に、「保司」になったと考えられる。保司の氏神を祀った神社が「保司の宮」であり、黒宮氏の氏神だったと考えられる。

黒宮氏の氏神「保司の宮」が、黒宮氏の市江からの追放により、本来の意味がわからなくなり、「星の宮」と表記されるようになったと推測できる。

（1）『佐屋町史　資料編二』一七四～一七六頁

九　星の宮と春日太（大）明神

『佐屋町史　資料編四』には「星ノ宮神社のこと」として資料が掲載されているのでみてみよう。

文化3年（1806）の星大明社《ほしだいみょうしゃ》（星の宮）について記されているので一部を抜粋する。

覚

海西郡西保村

一星大明神社　長壱間　横五尺　村扣　壱社

但柿葺　境内壱反歩　御除地
拝　殿　瓦葺　長三間 横弐間　鳥　居　高九尺 横九尺 両袖付　但し木
右境内末社
一天照大神宮社　長三尺 横弐尺　壱　社
但柿葺
右同断
一春日大明神社　長三尺 横弐尺　壱　社
但柿葺

次に、明治2年（1869）に書かれた「星之宮由緒達之写」(1)の一部を抜粋する。

一本社　　祭神星大明神
一左ノ方　天照太神宮
一右ノ方　春日太明神

以上のことから、星の宮の境内には、本社として「星大明神」が祀られていることがわかる。そして、その左右には「天照太（大）神宮」と「春日太（大）明神」が祀られていた。

天保9年（1838）から12年（1841）にかけて執筆された『尾張名所図会』には星大明神社が赤星名神社という名で絵画で紹介されている。この絵では本社の左右に小祠が祀られている。この二つの小祠が天照大神宮と春日大明神だと考えられる。

さて、ここで私が指摘したいのは、星の宮の境内に春日大明神と天照大神宮が祀られていることである。春日大明神とは、藤原氏の氏神を祀る奈良の春日大社の大神のことである。

「後白河院の崇徳院と頼長の鎮魂」の項で次のように述べたことを思い出していただこう。

尾張名所図会　出典：『佐屋町史史料編四』

後白河院は、度重なる災害や疫病の流行を収束させようとした。そのため、その原因と考えられる崇徳院と藤原頼長の怨霊の鎮魂に努めた。二人は保元の乱の敗者となり、無実の罪を着せられたまま、恨みを持って死んでいったからである。そのため、彼らを神として祀り、神祠を建立した。寿永3年（1184）4月15日、崇徳院の御所の跡地でもあり、保元の乱の戦場にもなった春日河原に二廟を建立した。崇徳院廟を西側に、頼長廟を東側に並立して建てたのである。後白河院は、二人を神として崇め祀ることによって、怨念を鎮め、怨霊の鎮魂を図ろうしたのである。

ところで、星の宮の境内には、天照大神宮と春日大明神が並び祀られていた。

春日河原　崇徳院廟　　藤原頼長廟
星の宮　　天照大神宮　春日大明神
つまり　　皇室関係の神　藤原氏の神

星の宮の境内は春日河原の立地によく似ている。

黒宮氏が文治年間から始めた神事は、当初は星の宮に対してではなく、崇徳院を祀った祠と頼長を祀った祠の二祠に対して行っていたのではないか。

元暦2年（1185）＝文治元年には、京都では大地震・疫病の大流行が起こった。また文治3年（1187）には、後白河院が致死率の高い瘧という病に罹った。そのため、後白河院は、これらの原因は二人の怨霊の祟りだと考え、鎮魂のための修法を行わせた。

市江庄は元は頼長領で、保元の乱後、勝者の後白河院が敗者の頼長から奪い取った荘園である。そこには、頼長の恨みが満ちているはずである。

市江の神事は疫病平癒の祈願から始まったと伝わっている。崇徳院と頼長の怨霊が、市江の地にも疫病を流行らせていると考えられたとしても不思議ではないからである。そのため都と同じように、られる。

この二人を神として祀り、祠を造営し、神事を行い、慰撫し、二人の鎮魂を図ろうとした、とも考えられる。

それは朝廷からの指示であったかもしれないし、市江庄の在地統括者の黒宮氏が率先して行ったのかもしれない。

その後、一向一揆の終戦後、祭の主宰者である黒宮氏が織田信長に追放されると、二祠の本来の意味がわからなくなり、皇室と藤原氏の祖先の神を祀る天照大神宮と春日大明神と名称を変え祀り続けた、とも考えられる。

市江庄は黒宮氏が自ら葭原を開墾し、藤原摂関家に寄進し、保護を受けた。しかし、保元の乱後、敗死した頼長から奪い取られ、後白河院の後院領となった。それから後は、市江庄は、頼長を殺した憎い敵方の後白河院に年貢を納め、院の繁栄に貢献している。頼長から見れば、市江庄は裏切り者ともいうべき恨むべき土地であり、そこに住んでいる黒宮氏を始め領民は祟られても当然なのである。

そのため、文治年間の頃、市江庄で疫病が流行し、災害が起きると、頼長の怨霊の祟りのせいだと考え、舞楽を奉納して、頼長の怒りを鎮めようとしたのである。その方法は、頼長にも理解できるように京都で行われていた方法をとったと推測できる。現在の市江の星の宮での神事を見ると、平安時代に京都の神泉苑で行われていた御霊会とよく似ていることがわかる。

貞観5年（863）に神泉苑で行われた御霊会は、雅楽寮の楽人に音楽を奏させ、天皇近侍の児童及び両家の稚児などに舞を舞わせた。また貞観11年（869）の御霊会では、国の数と同じ六十六本の鉾が奉納された。

鉾の奉納、舞楽の奏楽、この二点が初期の市江の神事であったであろうと推測する。社殿の前に（十本の）鉾を立て、奏楽をし、疫病の原因となった崇徳院と頼長（特に頼長）の怨霊を慰撫し、鎮魂しようとしたのである。

そのため、現在は星の宮の前で行われている神事も、文治の頃には二人の怨霊の鎮魂のため、頼長と崇徳院を祀った二祠の前で行っていた可能性が高い。

前出の「鉾について」の項でも述べたが、鉾は古代から日本の祭祀に使われてきた。鉾先に疫神などの悪神をよりつかせ、人間の世界から一掃し、元いた悪神の世界に戻すために使うのである。二人の恨みによって生じた疫病を鎮めるため、疫神を鉾に依りつかせて集め、人間世界から追い出そうとした、と考えられる。

さて、文治年間から始まった市江の神事についてであるが、当時は津島牛頭天王社まで行かず、市江庄の中だけで完結していた可能性もある。なぜなら、その頃既に牛頭津島天王社で「神葭流し神事」が行われていたかどうかわからないからである。「神葭流し神事」が行われていなければ津島牛頭天王社に行く必要が無いからである。

また現在、愛知県尾張地方各地では「天王祭」「ミヨシナガシ」などと称して、津島神社まで行かず、各村内で神葭を流したり、燃やしたりして終わる神事（祭）が行われている。もしこの神事が文治年間に市江庄にも普及していたとすれば、この方法で完結していたとも考えられるからである。

津島天王祭は、文治年間から始まった簡素な市江の神事（祭）から始まった。その後、津島五か村が中世に経済的に豊かな町に発展した時、その経済力を活かして、京都の祇園祭をまねた豪華な祭に変わっていったのだと推測する。

（1）『佐屋町史　資料編四』二七頁

第四章　日本人の心に流れる鎮魂と慰霊の考え

一　天王祭以外の災厄を鎮魂する祭

各地に伝わる天王祭は、流行り病などの疫神を慰撫し、鎮魂して自分たちの地域から外へ追い払う祭祀であるが、天王祭以外にもよく似た性格の祭祀があるのだろうか。

「不幸な最期を遂げた人が祟る」ので、その祟りを祓おうとする祭で、まず最初に思い出したのは「虫送り」である。虫送りについては『民俗小辞典　神事と芸能』に、次の通り解説されている。(1)

虫送り

稲につく害虫を追い払う神事。虫追い・虫祈祷・サネモリオクリ（実盛送り）・ウンカ送りなどともいう。稲作における虫の害は深刻で、農薬による駆除が行われるようになるまでは、日本各地の農村で盛んに行われた。（中略）この虫送りの対象となる虫はウンカが圧倒的に多く、その被害が大きかった西日本各地では特に盛んで、むしろ冷害の心配の多かった東北地方では行われてはいたが、西日本ほど盛んではなかった。現在ではほとんど廃れている。廃れた時期については大正ごろまでという場合と第二次世界大戦までという場合と二つの傾向がある。現在では、虫除けのためというよりも地域の伝統行事として行っている例や復活した例がある。

愛知県稲沢市祖父江町では、現在もこの虫送りの行事が行われている。7月10日に近い土曜日に牧川小学校で人形や松明を作り、夕方7時過ぎから行列を組む。この行事は、祖父江町島本新田に伝わっていた虫送りを保存するために、小中学生や地元の有志によって行われている。

過去には、この島本新田以外にも愛知県西部では広く行われており、津島市では、村から村へと虫を送り、最後の村で焼却する方法を採っていた。

虫送りには、齋藤実盛の故事が大きく影響している。平安末期の源平合戦の時、平家方の武将の齋藤実盛は、乗っていた馬が稲の切株に足を取られ、そのため落馬し、体勢を崩したところを敵に打ち取られた。実盛は「あの稲さえ無ければ」と無念な最期を遂げたという。その稲への恨みから、稲を荒らす害虫になったと考えられた。その虫はウンカであり、サネモリ虫とも呼ばれた。そのため、実盛が変身した害虫を火で集め、最後に燃やして昇天させる虫送りが始まった、と考えられている。

平成29年（2017）7月8日の祖父江町の虫送りは以下のとおりである。麦わらで作った馬に麦わらで作った実盛人形を乗せ、数人の男性が担ぐ。実盛人形には白紙が巻かれ、墨で顔や衣服が描かれている。また、わらで作ったつばがついた細い竹の刀を腰に差している。祖父江と書かれた高張提灯を先頭にして、次に実盛人形が続く。次に、小中学生が半鐘と太鼓を打ちながら続く。掛け声は無い。その後を三十二本の松明が続く。この松明は竹を割ってその中に麦わらと菜種がらを入れて作られている。松明に火をつけ、村の田の畦道を廻り、松明の明かりで害虫を集める。畦道を回り終えると、最後にすべての松明を一か所に集めて投げ入れ、一つの大きな炎にする、炎が大きくなったところで半鐘と太鼓を連打する。その炎の中に、実盛人形を投げ入れる。そして焼き尽くし、昇天させるのである。

疫神と害虫が違うだけで、自分たちの地域から集め、消滅させる考えは、天王祭の市江の考えと全く同じである。

前述の『民俗小事典　神事と芸能』では、虫送りの続きを次のように解説している。

行列の最後の段階では村境まで送り出してそこで人形や松明などを焼き捨てて終りとするタイプと川や海に流して捨てるタイプがある。（中略）上流の村から下流の隣村へと藁《わら》人形を順送りに送りそれを受けとってリレー式に次々と最後の村まで送ってそこで海へ放り捨てるという方式もみられる。このような虫送りの行事において注目されるのは、共通して疫病・罪過・不幸をみずからの村落内において処理しようとするのではなく、村落の生活圏外へと放擲してみずからを清浄化しその小世界の安定を得ようとする、自浄のための不浄処理を自領域外（隣村）へと依存する志向性である。

次に、静岡県浜松市の遠州大念仏について考察してみよう。

この祭は、徳川家康と武田信玄が戦った三方が原の戦いが発端になって始められた。この戦いで、徳川方は負けて浜松城に逃げ帰ったが、その夜地理に暗い武田方を急襲して犀《さい》ケ崖《がけ》に追い落とした。

その後、夜更けになると、犀ケ崖の谷底から人や馬のうめき声が聞こえるようになった。また、付近でけが人が続出したり、イナゴの大群が発生して農作物に被害が出た。それで人々は犀ケ崖の戦死者の亡霊の祟りとして恐れおののいた。

そこで、徳川家康は了傳《りょうでん》という僧を招き、七日七夜、鉦と太鼓を鳴らして供養したところ、祟りは鎮まったという。その後、了傳の後を継いだ宗円《そうえん》が布教につとめたため、遠州各地で大念仏が盛んに行われるようになった。崖の上には宗円堂が建てられ、この戦による両軍の死者が祀られた。その霊を鎮めるため、現在、七月十五日の宗円堂をはじめ、各地で大念仏が行われている。これは笛・太鼓・鉦などに合わせて念仏踊りをするのである。

この行事は、怨霊を自分たちの地域から追い払うわけではないが、「不幸な最期を遂げた怨霊」の鎮魂をはかった一例だと考えることができる。

同じように戦死者の亡霊を慰撫することが発端で始まった祭に「火おんどり」がある。長篠の合戦(2)で亡くなった戦死者を葬った信玄塚から大量の蜂が出て、村人や馬に害を与えた。村人は、その蜂が敗れた武田軍の亡霊のしわざと考え、供養を始めたという。笛や鉦の音に合わせ、男たちがたいまつに火をつけ「ヤーレモッセ（燃えろ）、セッセモロ」と唱えながら、勢いよく踊る盆行事である。

これも怨霊の鎮魂をはかった一例と考えることができる。

次に、人物ではなく、厄を払う行事について考えてみよう。愛知県一宮市浅野の芝馬祭について考えてみよう。

この祭は、チガヤを藤蔓《ふじづる》で縛って馬の形にし、なす・とうもろこし・ほおずきの実などを付け、芝馬とする。

ワッショイと掛け声を掛け、芝馬を地面に引きずりながら、白山社・正高寺、そして地域の家々をまわる。

最後に水法川《みずのりがわ》に行き、芝馬を川に投げ込み、川に流すことによって、祭は終わる。

この祭も、芝馬で回ることによりこの地域の災厄を付け、最後に川に流すことにより、地域から厄を払おうとする考えに基づいている。川に流すことにより、浅野地域から川の下流地域へ厄を流そうとするのである。

また、ひな祭りは、紙で作った人形（ひとがた）を川に流す、人形《ひとがた》流しが起源だといわれている。人形流しとは、人形で身体を撫で、人形に息を吹きかけ、人にたまった罪や穢れを人形に移し、川や清流など水に流すことである。この人形流しも自分から穢れや災いを取り除こうとして始まったと考えられている。

以上のように、古くから、日本人は「災厄は水に流したり火で焼くことによって消滅できる」と考えてきた。また、その災厄の原因の一つとして「不幸な最期を遂げた人の恨みから生じた怨霊」が考えられた。その「怨霊はそのまま放置しておけば人に災いをもたらすが、歌舞音曲などで慰撫すれば鎮魂し、人に無害なものになる」と考えられた。そのため、日本人は鎮魂のための祭祀を行ってきたのである。

（1）新谷尚紀「虫送り」『民俗小事典　神事と芸能』

（2）長篠の合戦とは、天正3年（1575）、織田信長・徳川家康連合軍が、元亀4年（1573）に亡くなった武田信玄の後を継いだ武田勝頼と戦った合戦。織田・徳川連合軍の圧勝に終わった。

二　現代の鎮魂と慰霊

前項において近代までの鎮魂や慰霊を考えてみた。しかし、現代においても鎮魂や慰霊は継続して行われているのである。現代の日本人にもその思想は継続されている。

平成23年（2011）3月11日には、東日本大震災が起きた。宮城県沖が震源地であったため、東北地方の太平洋沿岸に巨大津波が何度も押し寄せ、一万四千名もの人が犠牲となった。他にも圧死などの死者を合わせると、一万五千名以上にのぼる。

毎年3月11日には各地で慰霊祭が行われる。慰霊碑も五百基も建立された。

現代の日本人にも、罪のない人々が突然命を奪われた時、その人たちの苦悩や無念を慰撫しようとする思想が受け継がれているのである。

これは、東日本大震災に限ったことではない。

平成7年（1995）に起きた阪神・淡路大震災においても同じである。大地震が起き、六千四百三十四名の人が亡くなった。地震が起きた1月17日午前5時46分には、二十四年たった今でも、犠牲者を悼む催しが行われている。

他にも、平成17年（２００５）、百七名もの死者を出したJR福知山線脱線事故や昭和60年（１９８５）に御巣鷹山に墜落し、死者五百二十名を出した日本航空（ジャンボジェット）機墜落事故においてもまだ慰霊祭が行われている。

広島市の原爆死没者慰霊碑や慰霊祭をはじめ、東京や大阪など大空襲で犠牲になった人のための慰霊碑が各地に建立されている。

また、忠魂碑といい、明治維新以降、日清戦争や日露戦争をはじめとする戦争や事変に出征し、戦死した地域出身の兵士のための記念碑もある。

愛知県や三重県では、昭和34年（１９５９）に襲った伊勢湾台風により、甚大な被害が出た。その死者を慰霊するための碑が、弥富市や名古屋市など死者を多く出した地域に建てられている。

昭和40年代から50年代にかけて、交通事故現場に交通安全地蔵菩薩の像が建てられた。高度経済成長期に、車の増加により交通事故死という今まで無かった新しい死者の誕生により出現したのである。

現代においても、殺人現場などに花や飲み物を供える情景が見られる。そしてその場所を通る人たちは無意識のうちに手を合わせている。

罪もないのに、突然命を奪われた、その被害者の悲しみや苦しみ、痛み、無念、恨みを慰めようと、現代人も無意識のうちに鎮魂や慰撫をしている。日本人の心の底には、脈々とその思想が受け継がれているのである。

第五章　長島一向一揆とは

一　長島一向一揆以前の信長と河内

長島一向一揆は、元亀元年（1570）に、本願寺顕如が打倒信長の檄文を全国の寺や門徒に飛ばし、それに呼応した立田の門徒が織田信長の弟信興を小木江城（呰）に攻略したことに始まる。しかし、それ以前にも木曽三川河口地帯を指す河内《かわうち》と信長の間には軋轢があった。それでは、順を追って考えてみよう。

永禄3年（1560）尾張に侵攻してきた今川義元を織田信長が迎え撃った桶狭間の戦いの時、荷之上の服部左京助友定は、義元の加勢のため、熱田まで武者舟を出している。織田軍を今川軍と服部軍とで挟み撃ちにする計画であったが、義元が早々に討たれてしまったので、その計画は実行されなかった。このことは『信長公記』首巻にも記されている。

> 爰に河内二の江[1]の坊主、うぐゐら[2]の服部左京助、義元へ手合として、武者舟千艘計、海上は蛛の子をちらすか如く、大高の下、黒末川川口迄乗入候へとも、別の働なく乗帰し、もどりさまに熱田の湊へ舟を寄、遠浅の所より下立て、町口へ火を懸け候ハん仕候を、町人共よせ付て噇と懸出、

数十人討取候間、無曲川内へ引取候キ、

永禄4年（1561）織田信長は、主家である尾張国守護斯波義銀・石橋氏・吉良氏を追放している。『信長公記』では、服部左京助が海東郡の戸田から駿河衆を海上から上陸させ、追放された三人が謀叛を起こす計画が家臣内から発覚したため、三人を国外に追放したとある。(3) この石橋氏追放により石橋氏の領地の戸田（名古屋市中川区富田町）は織田信長領となった。河内の近くの戸田を織田氏に取られたことにより、信長の河内侵攻の足掛かりとなった。

さて、ここで注意したいのは、左京助が斯波氏らの同盟者として認識されていることである。左京助は尾張国守護の斯波氏から臣下としてではなく、一人の有力在地豪族（国人領主）として考えられていた。つまり、左京助の領地は斯波氏や織田氏のものではなく、左京助の領地として守護斯波氏から安堵されていたと考えられる。

信長が生まれた織田弾正忠家は守護代の三奉行の家柄であるので、服部左京助家が家格として信長家より劣っているという認識は当時無かったと思われる。

永禄10年（1567）記録に残る最古のものとして、織田信長は長島に攻撃を加えている。その詳細は連歌師里村紹巴の『富士見道記《ふじみみちのき》』に記されている。「桑名へとおもへるを長島一向念仏坊主城（成カ）敗に尾州太守（織田信長）が出陣なれば」とあり、紹巴は8月13日に津島から桑名に渡ろうとしていたが、信長が一向宗の坊主を成敗するために戦乱がおこり、桑名には渡れなかったとある。同じ著書に同月18日愛知郡呼続（名古屋市南区）から西の方角を見た情景が記されている。「夜半過、西を見れば、長島をひおとされ、放火の光夥しく、白日のことくなれば」とある。織田軍により、長島が放火され、真夜中なのに昼間のように空が光り輝いていた、というのである。

この長島への攻撃の理由であるが、一説には、織田軍が稲葉山城（岐阜市）を陥落させ、城主斎藤龍興が長島に逃げ込んだため、それを追っての攻撃との考えがある。『信長公記』首巻には「八月十五日、色々降参候て、飛弾（騨）川のつゝきにて候間、舟にて河内長島へ（斎藤）竜興退散[4]」とある。この攻撃に関する記録がこの二点しかないので、戦というよりは軽微な焼き討ちと考えられる。

その後、11月には、本願寺顕如が信長に美濃・伊勢の平定を祝う音信を出している。「今度濃州・勢州平均事、無比類次第候」と書かれている。本願寺の院家である長島願証寺が攻撃を受けたのであれば、このような祝辞が送られたとは考えにくい。ただし稲本紀昭氏は「織田信長と長島一揆」において、顕如が信長に祝いの音信を出していることについて「長島攻撃による紛争の拡大・影響を最小限に押さえようとする双方の合意が成立したことを示している」という考えを示しており、一考を要する。

以上のことから、信長の長島攻撃の目的は龍興の追撃に限定されており、長島願証寺や長島の門徒とは直接関係がないように考えられる。

ただ龍興の逃亡に門徒が全く関与していなかったのかというとわからない。長島に逃亡するには何らかの援助やあてがあったのかもしれない。また龍興の重臣日禰野弘就がその後の長島一向一揆に参加していることも考慮すべきことである。

永禄11年（１５６８）1月、服部左京助は上相場米野（三重県いなべ市藤原町上相場・旧員弁郡藤原町上相場）で刺客に囲まれ、自害に追い込まれた。現在でも上相場には左京助を供養する墓が伝わっている。[5]

この事件と前後して、織田信長の弟信興は左京助の領地である鯏浦に侵攻した。信興軍は鯏浦東方に上陸し、難畑（弥富市鎌倉町・旧弥富町鎌倉新田）で服部党と激戦した。この難畑の戦いについては『弥富町誌』に詳しく紹介されているので抜粋する。

戦いに慣れない服部党と門徒勢は次第に押され（中略）退却を余儀なくされた。この戦いの主戦場の難畑はしばらく両軍のにらみ合いが続いたため、戦死者が放置されたままであったため、後日、地蔵尊が安置された。それが西中地の難畑地蔵尊であるという。この時信興は、今、薬師寺のある所にとりでを築いた。（中略）薬師寺の本尊は信興が母から与えられた念持仏だったと伝えられている。

『弥富町誌』に記されている薬師寺は現在の弥富市鯏浦町にある。信興は砦を築き河内侵攻の足掛かりとした。

この後、信興は立田門徒の本拠地である小木江（愛西市森川町・旧立田村森川）に侵攻し、ここにも砦を築いた。現在の富岡神社付近だと推定されている。

永禄11年（１５６８）９月、信長は足利義昭を擁して上洛し、すぐに畿内をほぼ制圧した。[6]信長は将軍家の名目で教行寺などの本願寺系末寺にも矢銭を要求し、応じない場合は取り潰しなどの措置を取った。本願寺には「京都御所再建費用」の名目で矢銭五千貫を要求し、顕如はこれに応じ支払った。戦国時代の雑兵の給金は一人当たり一年で七から十貫であった。五千貫は雑兵を一年間五百人雇える金額である。十貫を現在の年収三百万円と計算すると、五千貫は約十五億円となる。信長は他にも堺の町に二万貫の矢銭を要求したことが知られる。

元亀元年（1570）9月、顕如は「信長が本願寺を破却すると言ってきた」[7]と信長を法敵とみなし、信長打倒の檄文を各地に飛ばした。[8]同月12日の夜半には大坂寺内の早鐘を撞かせ、織田軍への攻撃を命じた。その鐘の音を聞いた本願寺軍は、三好三人衆攻略のために摂津野田・福島に陣を敷いていた織田軍を突如攻撃した。14日には淀川堤で信長軍と直接戦闘に及んだ。この戦いは織田軍優勢で終わった。本願寺軍は本願寺に戻り、籠城の構えを見せた。信長は浅井・朝倉と膠着状態にあり、対本願寺に多くの兵を出せない状態だったので、朝廷に働きかけて講和を進め、本願寺との戦闘を避けた。

河内では、顕如の檄文を受け、立田の門徒が信長の弟信興の小木江城（砦）に攻撃を加えた。これが伊勢長島一向一揆の始まりである。

（1）荷之上
（2）鯏浦のこと。服部左京助友定は河内の市江島の南部の鯏浦・荷之上一帯を本拠地としていた。
（3）『愛知県史　資料編11　織豊1』一七九号資料
（4）『愛知県史　資料編11　織豊1』五六七号資料

（5）『弥富町誌』八四頁
（6）『戦国の経済史』
（7）「安養寺文書」美濃国郡上の門徒に向けて9月2日に出された顕如の御書《ごしょ》（宗主から門徒に出された手紙）。原文は残っていないが後世の写しが残っている。神田千里『信長と石山合戦』所収二一頁
（8）神田千里『信長と石山合戦』二一〜二二頁

二　長島一向一揆とは

長島一向一揆とは、伊勢国長島の願証寺を中心とした浄土真宗の門徒と織田信長の戦いのことをいう。元亀元年（1570）8月、大坂本願寺の顕如が織田信長を法敵とみなし、信長打倒の檄文を各地に発したことから始まる。

天正2年（1574）に終結するまで、約四年間に大きな戦は三回に及んだ。第一次・二次・三次長島侵攻と呼ばれている。最後は一揆側が降伏したが、信長は許さず、「根切」と呼ばれる全滅作戦をとった。一揆勢を二か所の砦に閉じ込め、全員を焼き殺すことにより、戦は終結した。

長島一向一揆の緒戦は立田の小木江《こきえ》で始まった。信長の弟の信興は、信長の領土拡張の方針のもと、

市江南部の鯏浦に侵攻した。その後立田の小木江に侵攻し、砦を造っていた。本願寺顕如の信長打倒の檄文を受けた立田を中心とする真宗門徒は11月に小木江を攻めた。信興は切腹し、小木江は本来の持ち主である立田の門徒の手に戻った。

信興の死により、立田や鯏浦などを奪還された信長は、再び河内の地を手に入れようと侵攻を企てた。

元亀2年（1571）5月には、いわゆる第一次長島侵攻を行った。

信長は津島に出陣し、長島方面に向けて攻撃した。現在の多度大社である多度社の神宮寺の法雲寺は信長調伏祈祷をしたため、多度社・法雲寺共に焼き討ちされた。その後岐阜に帰還する織田軍を揖斐川と多芸山（多度山）に囲まれて土地が狭まっている太田で一揆勢は待ち伏せし、弓や鉄砲で攻撃を加えた。そのため、氏家直元（卜全）は戦死し、柴田勝家は負傷するなど大きな被害が出た。(1) その報復として、6月には信長はこの攻撃に加担が疑われる一揆勢の殺害を命じた。この第一次侵攻により、一揆勢数百人が戦死した。(2)

天正元年（1573）9月には第二次長島侵攻が起こった。長島の西に位置する北伊勢の国人を制圧し、長島を孤立させるのが目的であった。信長は伊勢国桑名郡の国人が籠る西別所・坂井・深田部を攻撃した。さらに既に臣従していた北伊勢の国人に人質の提出を命じてその意思を確認し、それに応じない者には攻撃を加えた。(3) ちなみにこの北伊勢の国人の多くは浄土真宗の信者では無かった。なお、この戦の後、岐阜への帰途、織田軍は元亀2年と同じく揖斐川と多芸山の間の地で奇襲に遭い、被害を出している。(4)

天正2年（1574）7月、第三次長島侵攻。信長は八万とも称される大軍で、[5] 長島・立田・多度・市江の壊滅作戦に出た。自ら津島の本陣に赴き、市江・立田・香取の三方面から長島に向け南下。ローラー作戦で隈なく攻める作戦に出た。海からは安宅船を中心に数百艘の大船で伊勢湾を海上封鎖した。

市江はすぐに陥落した。信長の嫡男信忠は市江の西保に陣を構えたと伝わっている。その場所は現在も城の内という地名が残っている。

信長は立田の早尾から自ら出陣した。

四方を敵に囲まれた一揆勢は、長島・篠橋・大鳥居・矢長島・中江の五か所の城や砦に籠城した。しかし、兵糧も尽き、城内では餓死者も出始めた。長島城では信長に降伏を申し入れ、9月29日に退城した。しかし、降伏を受け入れたはずの信長は約束を破り、船で退出する一揆勢に鉄砲を撃ちかけた。船に隠れていた長島院家の願証寺父子・本願寺から派遣された軍監下間父子・平尾坊父子らは織田軍により斬首された。[6] 約束を反故にされ、怒った一揆勢も刀を抜き反撃を加え、織田軍七、八百名を斬り殺した。[7] この戦いでは信長の兄信広ら織田一族も多く戦死したという。長島城を出て反撃を加えた一揆勢は、この後西に向かい、大坂の本願寺に逃れたと考えられる。

最後に残った中江・矢長島の砦では、籠城した二万人の人達が逃亡できないように砦の周りに柵を造り、火を放って焼死させた。[8]

多くの門徒を「根切」にすることにより、長島一向一揆は終結した。根切とは植物の根まで切り取って植物を絶やしてしまうことをいう。この場合は女子供を含め最後まで抵抗した一揆勢を一人残らず殺すことをいう。

このように見てみると「一向一揆」と名が付いているが、信長と戦ったのは一向宗つまり浄土真宗の門徒だけではない。多度社や法雲寺、斎藤龍興やその家臣の日禰野弘就もいた。龍興は、長島一向一揆の終戦の前年天正元年（1573）、朝倉義景の下で刀禰坂の戦いに参加したが戦死したという。しかし、家臣の日禰野弘就は長島一向一揆のほぼ最終期まで戦いに参加していたようである。他にも北伊勢の国人も多くいた。この人たちの多くは浄土真宗の門徒ではなかった。

長島一向一揆とは、単に織田家と本願寺や門徒との戦いと考えられているが、必ずしもそうではない。最終戦が門徒の籠る長島周辺で行われたので、この名称が付いているが、門徒以外の人々の戦いでもあった。浄土真宗と信長の宗教に関する戦いのように見られているが、河内や北伊勢の人々にとっては、織田軍の侵攻から自分の領地を守るための戦いという一側面もあった。また、門徒にとっては信長の支配下に下り搾取を受けるのを拒み、門徒の手による自治を守る戦いでもあった。また、寺社や国人たちの既得権益を否定し、中世の常識を次々と破壊していく信長を拒絶する戦いでもあった。

（1）『信長公記　第四』『愛知県史　資料編11』九九四号文書
（2）「東寺光明講過去帳」『愛知県史　資料編11』九九九号文書
（3）『信長公記　第六』『愛知県史　資料編11』一〇一〇号文書
（4）『信長公記　第六』『愛知県史　資料編11』一〇二五号文書
（5）『愛知県史　通史編3　中世2織豊』一七六頁

(6)『愛知県史　通史編3　中世2織豊』一七六頁
(7)『信長公記　第七』『愛知県史　資料編11』一〇五一号文書
(8)『信長公記　第七』『愛知県史　資料編11』一〇五一号文書

三　長島一向一揆とその周辺の浄土真宗寺院と門徒の動向

浄土真宗では信徒のことを門徒という。長島一向一揆では、河内（木曽三川河口付近地域）を始め、その周辺の浄土真宗の門徒が全て参加したように考える説もあるが、一概にそうともいえない。つまり、この一向一揆の時、長島周辺の浄土真宗寺院と門徒の動向は大きく分けて次の三型に分けられる。

一、長島一向一揆に不参加の寺院や門徒
　冨田聖徳寺とその末寺四十四寺など
二、長島一向一揆に積極的に参加した寺院や門徒
　長島願証寺・荷之上の興善寺・立田の最勝寺とその門徒らと三河一向一揆で中心となり戦った佐々木上宮寺の末寺と門徒など
三、一揆の初めには参加すると決めていたが、長島方が戦局不利と見ると、戦線を離脱した寺や門徒

それでは、順に考えてみよう。

まず、一の不参加の意志表明をした寺院や門徒について考えてみよう。

斎藤道三と織田信長が会見した冨田（一宮市冨田・旧尾西市冨田・）の聖徳寺も実は浄土真宗の寺である。しかし、この寺は長島一向一揆には参加していない。信長は聖徳寺に対し、一揆に関与しなかったことを賞する折紙状を出している。[1] また聖徳寺下四十四寺の関係資料の中には、長島一向一揆に参加した記録が見当たらない。[2]

光蓮寺は聖徳寺の末寺であった。[3] 当時は市江島の東條にあり、後に荷之上に移転した。前述のように聖徳寺下四十四寺院は長島一向一揆に参加した記録が無いので、光蓮寺も戦いに参加しなかったと考えられる。

市江川を挟んで市江の対岸にある大井に興味深い記録がある。『長島町誌　上巻』に次のようにあるのでそのまま記載する。[4]

いくい島砦―愛知県海部郡永和村大井、長島願証寺門徒の東の前進拠点で、服部党の配下の戸田、大井の宗徒五百余人が守っていた。すぐ前方には織田の武将滝川一益の本拠蟹江城がある。天正三年七月十四日一ノ江口から市橋九郎左衛門、河尻与兵衛の軍勢が、船数十艘で攻め立てたが、衆徒はすでに他の方へ逃走していたので、抵抗する者もなく、十余人が切伏せられ、陣屋は焼捨てられた。

この記事の出典については書かれていないが、言い伝えなどの伝承も含まれているのかもしれない。特筆すべきは「衆徒はすでに他の方へ逃走していたので抵抗する者もなく」という箇所である。

当時、大井にも聖徳寺の末寺である蓮徳寺が存在した。本寺である聖徳寺が一揆に不参加の意志を表明したので、その末寺の蓮徳寺も同じ行動をとったと思われる。そのため大井の衆徒（門徒）は戦の始まる前に大井の土地を離れ、一揆に参加しない意思を表明したのだと考えられる。

東條の光蓮寺と大井の蓮徳寺の例から、河内の中でも戦闘に参加しなかった寺院や門徒の存在があったことがわかる。

これらの例から、記録には残っていなくとも、聖徳寺の末寺や聖徳寺の末寺以外の寺院や門徒の中にも最初から一揆に加わらなかった者がいたことが推測できる。河内の中でもすべての寺院や門徒が参加したわけではないのである。

次に、二の長島一向一揆に積極的に参加した寺院や門徒について考えてみよう。

皇族・貴族の出身者が住む寺院を門跡寺院という。浄土真宗の本願寺は永禄2年（1559）に門跡寺院に加えられた。戦国時代に入り、浄土真宗高田派の専修寺との勢力争いが深刻になる中、寺格を上げるための画策をしたのである。証如・顕如が二代続けて摂関家の九条家猶子になり、門跡に加えてもらうように朝廷への工作を行い、正親町天皇の勅許が出たためである。

門跡寺院に付随する由緒ある寺院を院家という。長島の願証寺も永禄3年（1560）に院家の一寺として加えられた。願証寺は法泉寺院主が兼任していたが法泉寺堯恵に子がなかったため、本願寺の蓮如の六男蓮淳を堯恵の養子に迎えている。蓮淳は本願寺九世実如・十世証如に近侍していたため長島への常住ができなかった。そのため永正8年（1551）頃から蓮淳の二男の実恵が常住するようになったようである。浄土真宗の宗祖親鸞とその教えを全国に広め中興の祖と呼ばれた蓮如の血が願証寺に入ったことにより、河内における願証寺の地位やカリスマ性はよりいっそう高められた。また、本願寺と血縁関係になることにより、以前にも増して本願寺と願証寺の結びつきは強固になったことが考えられる。

願証寺は長島付近の寺院や門徒の中心的存在となり、一揆を進めた。ところで、河内以外の地域からわざわざ戦闘に参加した寺院や門徒の存在もあった。また、長島やその周辺だけではなくそれ以外の場所でも戦闘は起きていた。

たとえば、三河佐々木上宮寺の勝祐・信祐父子についてである。上宮寺は三河一向一揆の中心となった寺院であったため、三河一向一揆の敗戦後、徳川家康に追放された。彼らは一宮市苅安賀の正福寺（専称坊）に身を寄せていたが、本願寺顕如の檄文に応じて元亀元年（1570）長島一向一揆に参加したらしい。しかし、天正2年（1574）長島敗戦の後、逃れて苅安賀に戻るが、苅安賀城主浅井新八の兵に囲まれて正福寺で自殺した。(5)

一宮市浅井町東浅井にある長誓寺四世善久は有力檀家と共に長島一向一揆に参加した。(6) 長誓寺は佐々木上宮寺の末寺である。(7) 上宮寺が長島一向一揆に参加する意向を示したため、その末寺である長誓寺もその要請に従ったためだと考えられる。

一宮市では他に浅井町河田の来徳寺朴専や苅安賀専徳寺の乗誓・理誓の参加が伝えられている。(8)

あま市花正（旧海部郡美和町花正）にある光照寺については『美和町史』に次のような寺伝がある。

寺伝によれば、鎌倉時代初期に開創され、当初は天台系寺院であったと伝え、室町時代中期応永（一三九四〜一四二七）のころ浄土真宗に転じたという。

元亀二辛未年（一五七一）、伊勢国長島の一向一揆にあたり、寺族・同行が護法のため出陣したことから、一揆敗北後、織田方の圧迫を受け廃寺へと追い込まれる。

長島から遠いあま市花正からも寺族（住職の家族）や同行（門徒）が長島まで出陣したと記録に残っている。

また稲沢市平和町新開にある蓮心寺も長島一向一揆に参加したことが伝えられている。(9)

以上のように、本願寺顕如から檄文を受け取っても寺院や門徒の行動は必ずしも統一されていなかった。寺院や門徒がそれぞれ各自の思惑により、行動をとったことがわかる。

また、三の行動をとった寺院や門徒も多かったことだろう。

一揆の始まった元亀元年（１５７０）には、信長の地位はまだ盤石ではなかった。領地は尾張・美濃・伊勢の三国であった。

信長の周りには、朝倉義景・浅井長政・比叡山延暦寺・武田信玄・三好三人衆・毛利氏・本願寺など多くの敵がいた。反信長という目的意識で繋がっており、いわゆる「信長包囲網」と呼ばれた。信長はまさに四面楚歌の状態であった。彼らの総合力は強大であり、信長はすぐに敗北に追い込まれると当時の人々は考えていた。

元亀元年（1570）顕如の檄文を受けた立田の門徒が11月に信長の弟の信興が守る小木江城（砦）を攻めた時にも、信長は浅井・朝倉軍との戦いが膠着状態になっていたので援軍を出すことができず、信興は見殺しにされてしまった。そして小木江は再び立田門徒の土地に戻った。小木江奪還の緒戦の大勝を見て、本願寺顕如や長島願証寺を支持する門徒も多かったことだろう。

しかし、翌元亀2年（1571）5月、信長の第一次侵攻で多度法雲寺が焼かれた。9月には比叡山延暦寺が焼き討ちされた。元亀4年（1573）には上洛を目指していた武田信玄が病死し、軍を甲斐に戻してしまった。天正元年（1573）8月には朝倉氏・浅井氏も信長に滅亡させられ、情勢が激変した。

9月には第二次侵攻が起こり、信長は北伊勢（桑名市西部・四日市市・いなべ市・朝日町・菰野町など）の平定を図った。この土地の土豪は降伏し、信長の軍門に降った。今まで反信長という目的意識で同志だった北伊勢の土豪が逆に敵となってしまった。

また、比叡山延暦寺の焼き討ちの周囲に与える影響も大変大きかった。それまで比叡山延暦寺といえば、朝廷の鬼門の方角東北に位置し、都を災いから護る特別な寺として神聖視されて来た。延暦寺は自らの意に沿わないことが起こると神輿を奉じて強訴するといやり方で時の権力者に対して自らの主張を通していた。また十一世紀には朝廷から「不入権」を承認されており、外部権力の権力行使を拒否することができた。外部の力が及ばないはずの延暦寺で信長の要求に応じなかっただけで焼き討ちに遭ったのである。この焼き討ちでは、武装勢力である僧兵だけではなく、僧侶や女子供までことごとく首を刎ねられたと伝えられている。

これまでの戦いでは、非戦闘員である人間が殺されることはほとんど無かった。まして仏に仕える僧侶を殺すことなど考えられなかった。これは信長に逆らうとこうなるのだという見せしめであり、反抗する勢力を全滅させればもう逆らうものがいなくなるという信長の合理的な考えによるものであろう。

今までの常識を覆す信長の言動は当時の人々を恐怖におののかせ、戦の常識を変える一因になったと考えられる。

このように戦況が悪化し信長を討つことが難しくなると、門徒の中にも一揆から離脱する者も多くなったことが考えられる。

戦国時代の門徒はまだ檀家制度もなく比較的自由だった。檀家制度とは、江戸幕府が慶長17年（1612）にキリスト教禁止令を出し、棄教したキリシタンを特定の寺院に所属させることから始まった。寺院の住職は彼らが自分の寺の檀家であるという証明として寺請証文を発行した。これが、武士・町人・農民など身分を問わず、特定の寺院に所属し、檀家となることを義務付けることとなった。裏返して言えば、江戸時代の初めまでは寺院と信徒（門徒）のつながりは固定されておらず、流動的だったといえる。

彼らは戦局を見て、自分に有利になる行動を取ったと考えられる。長島願証寺方が不利と見ると、次第に戦線から離脱していく者も増えていったと考えられる。

自分の意志で戦に参加するか否か、あるいは参加していてもその時の戦況に応じて戦から離れるなど、その時々の情勢や戦況などから自分で判断し、人々は行動していたのであろう。

（1）「織田信長書状」（聖徳寺文書）『愛知県史　資料編11』七四五号文書
（2）『本願寺教団の展開―戦国期から近世へ―』五四頁
（3）『弥富町誌』四二二～四二三頁
（4）『長島町誌　上巻』八一～八二頁
（5）『新編　一宮市史　本文編　上』五一四頁
（6）『長誓寺史』二八頁
（7）『長誓寺史』二二頁
（8）『新編　一宮市史　本文編　上』五一四頁
（9）『平和町誌』一一七七頁

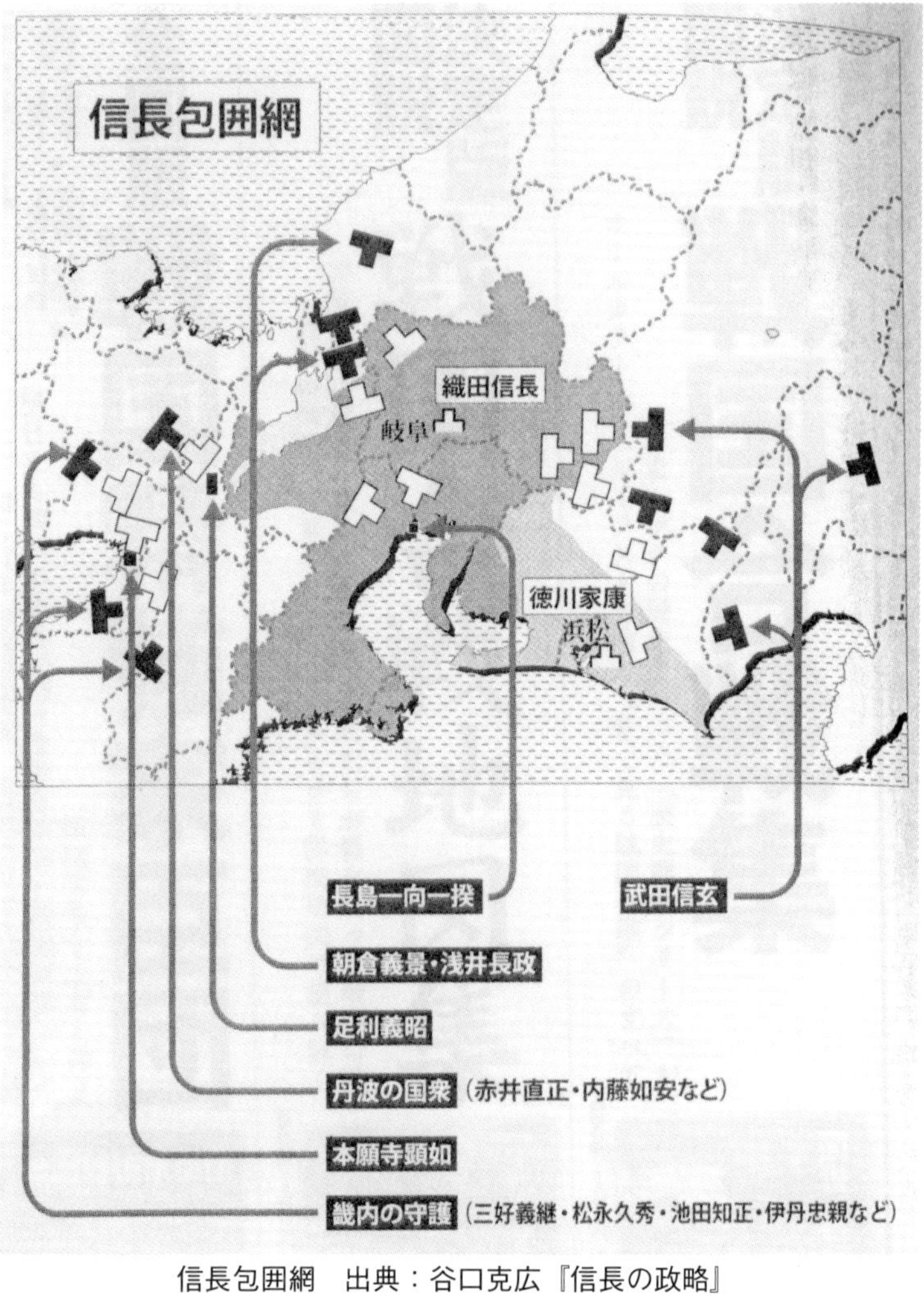

信長包囲網　出典：谷口克広『信長の政略』

第六章　長島一向一揆後天正期の祭の再興

一　天正期における祭の再興

津島天王祭の市江の神事や祭は、「市江祭記」の記述から文治年間（鎌倉時代初頭）から始まったと推測される。この神事や祭は、市江庄の開墾者であり、在地領主であった黒宮氏が始めたと考えられる。

しかし、伊勢長島一向一揆（1570～1574）の時、黒宮氏は一揆大将であったため、織田信長により討ち滅ぼされてしまった。そのため、祭は一時中断してしまった。

その後、天正2年（1576）頃、天王祭の市江の神事や祭を復活させるために、祭の中心となり執行する四家が設けられた。四家とは、車屋の東保の宇佐美家、由緒連中の西保の佐藤家・同じく荷之上の服部家・同じく居住地は不明である伊藤家である。なお、伊藤家は後に、青木・祖父江に替わる。これは姓を変えたのか、母方の姓を名乗って変わったのか、詳細は不明である。

この四家は津島の四家七名字に倣い、新たに作られたと考えられる。由緒連中の三家は、おそらく市江庄の古くからの有力な家の出身者であろう。天正期に祭を再興する時に、昔からの有力者を由緒連中に据えることにより、市江庄の人々の心に安心感と祭への関心を求めるためだったと考えられる。

また、おそらくこの四家の人達は、一向一揆の戦いに直接参加していない人が集められた、と推測される。

服部氏は服部正友の時、初めて津島天王祭の由緒連中となった。それより以前には祭には関わっていない。

正友は、服部左京助（進）友定の弟である。左京助は織田信長と今川義元が戦った桶狭間の戦いの時、今川軍に加勢しようとした武将である。『信長公記』[1]首巻には、名古屋市の熱田湊にまで、武者舟を進めたその様子が記されている。

爰《ここ》に河内二の上の坊主、うぐゐらの服部左京助、義元へ手合わせとして、武者舟千艘計、海上は蜘《くも》の子を散らすが如く、大高の下、黒末川口まで乗り入れ候へとも、別の働きなく、乗帰し、もどりざまに熱田の湊へ舟を寄、遠浅の所より下り立て、町口に火を懸け候ハんと仕候を、町人共よせ付けて、噇と懸出、数十人討取間、無曲《きょく》川内へ引取候キ、

（意訳）ところで、河内の荷之江の坊主で、うぐいら（弥富市鯏浦町に所在）の服部左京助（友定）は（荷之上の興善寺の坊主と鯏浦の服部左京助の二人はという説もある）、義元を支援して、武者舟千艘[2]ばかりを海上にくもの子を散らしたように浮かべ、大高の下、黒末川の川口まで乗り入れたが、格別の働きもなく、舟を帰し、かえりがけに熱田の港に舟をつけ、遠浅のところから上陸、町口へ火を放とうとしたが、熱田の町人たちは敵を近づけておいてから、どっといっせいにかけ出し、（服部軍

を）数十人を討ち取ったから、しかたなく河内へもどっていった、

また、『信長公記』首巻(3)には、その他にも左京助についての記述がある。

尾張国端、海手《うなて》へ付て、「戸田と云地ニ」石橋殿御座所有。河内ノ服部左京助、駿河衆を海上より引き、吉良・石橋・武衛仰談、御謀叛半《なかば》之刻、家臣之内より漏聞、則御両三人御国追出申され候也、

（意訳）尾張の国のはずれの海近くの「戸田という所に」石橋殿（吉良・武衛の一族）の御座所があった。河内（木曽川河口地帯）の服部左京助は駿河衆（今川勢）を海上から引き入れようと謀り、吉良・石橋・武衛（斯波義銀）三人が御談合したが、謀反半ばで、家臣の中から謀りごとが漏れ聞こえて来たので、信長公はすぐにこの三人を国外へ追放されたのであった、

左京助は今川氏と結んでいただけではなく、織田氏の本来の主家である武衛家（斯波氏）とも関係があった。織田信長の存在が邪魔になった武衛家が今川氏と結んで信長を殺害しようとした時にも、左京助が関わっていたようである。そのため、信長には左京助は目障りな存在であった。

信長が尾張南西部・伊勢北部に侵攻しようとすると、それを阻止するために、左京助は北伊勢の土豪たちと会談するため、三重県いなべ市藤原町上相場を訪れた。その時、左京助は信長の謀略に遭い、

命を落とした。(4)左京助は生前、自分にもしものことがあっても、服部家を存続させるために、弟の正友を寺に預けておいた。(5)その正友が一向一揆の終戦後、荷之上の服部家を再興させ、由緒連中となった。(6)このような経緯から、正友は一揆の戦いには関わっていないと考えられる。

一方、宇佐美氏は市江の車屋として祭を統括するために、津島から派遣された、と考えられる。東保宇佐美家本家の菩提寺は津島の浄土宗の瑞泉寺であるからである。東保のほとんどの家が浄土真宗であるのに対し、一軒だけ浄土宗である。なお、瑞泉寺は津島の車屋大橋家の菩提寺でもある。

津島天王祭では、朝祭の時、市江と津島の六艘の車楽船は囃しながら天王川を遡上する。車屋、児、囃子方らは、下船すると津島神社に向かう。神社に到着すると、拝殿で奏楽する。その後、市江車は車屋と児は盃を受ける。津島五車は児だけ盃を受ける。

明治時代の初めまでは、津島神社に世襲の社家制度が存続していた。それまでは、その盃事を取り仕切る社家が定められていた。しかし、現在、社家制度は無くなっている。

津島の五車の盃事は神主家の氷室家が行っていた。しかし、市江車には、河村九郎太夫（牛太夫ともいう）家が充てられた。津島五車と市江車において、応対する社家を変えていたのはなぜであろうか。

津島の歴史を長年研究されている黒田剛司氏は「津島出身の宇佐美氏と河村氏による市江の支配説」を提唱されている。(7)

伊勢長島一向一揆の後、天正2年、市江の祭が再興されると、市江車の津島天王社における管轄は河村久五郎が充てられた。河村久五郎は津島出身の武士であり、美濃森部合戦で神戸将監を討ち取った勇猛果敢な人物であった。

美濃森部合戦とは次のような合戦である。永禄4年（1561）5月、美濃国主斎藤義龍が急死すると義龍に代わって国主になったのは十四歳の龍興だった。その好機をみて信長は美濃に侵攻した。森部合戦は現在の岐阜県安八郡安八町で行われ、信長軍の勝利に終わった。『信長公記』[8]首巻には、次のようにある。

　御敵洲の股より、
　　長井甲斐守・日比野下野守
　大将として、森辺口へ人数を出し候。信長与天与所ノ由御掟候て、にれまたの川を越、かけ向ハせられ、合戦に取りむすひ、鑓を打合、数刻相戦、鑓下にて
　　長井甲斐守・日比野下野を初めとして
　百七十余人討たせられ、（中略）
　　神戸将監、津島河村久五郎討とる、（後略）

宇佐美氏も、市江車の車屋就任の時、浪人と称しており、共に武士階級の身分であった。黒田氏の説は要約すると「武勇に秀でた津島の二家により、市江の祭を通して市江の支配を織田政権下に収めた」という考えである。

織田信長により、長島一向一揆は平定された。その時、祭の主宰者であった黒宮氏が一揆大将であ

ったため、信長は黒宮一族を一人も残さず滅亡させようと考えたらしい。

　黒宮氏が滅亡したため（生き残った黒宮氏関係者は市江の外に逃避したため）、それまでの市江の祭や神事は中断してしまった。信長は人を殺すだけではなく、そこに伝わる文化も破壊し、伝統も壊滅させてしまったのである。

　そして「津島出身の宇佐美氏が市江の車屋に就任することにより、津島五車の祭の形式や様式が伝播し、市江の祭にも採用された」のだと推測できる。

　それは、以下のことが考えられる。

一、車楽船の屋形の形態。四本柱の大小の屋形を二棟直交させてつなげて一つの屋形にすること。この形式の屋形の組み合わせ方は、津島天王祭の津島五車と市江車の大きな特徴である。他の祭車には見られない。

二、舟を二艘繋げて双胴船にすること。

三、児の制度。特別な家柄から児を選出し、神の使いとして神聖視し、移動する時は汚れないよう児の足が地面につかないようにすること。

四、囃子方の編成。笛・大太鼓（楽ともいう）・締太鼓の三種類の楽器の編成。ただし過去には津島にも市江にも大鼓《おおつづみ》が存在した。また市江では、現在も「ヤ・オ・ハ」の掛け声があるが、津島にも過去には「ヤー・オン・ヤーア」(9)「ヤア・オン・ヤア」(10)などの掛け声があった。

五、能人形を飾ること。

六、松や紅白の梅花を飾ること。

七、逆さ小袖幕という特異な装飾。津島五車には過去には多数小袖幕を出していたが、延享の大火事などで、失われてしまった。それ以前の絵画資料には、津島五車にも多くの小袖幕が飾られている様子が描かれている。現在は今市場車などにわずかに残るだけである。

以上の考察から、現在の津島天王祭における津島五車と市江車の共通の形式・様式は、この時に導入されたと考えられる。

車屋の宇佐美氏と社家の河村氏により、市江の祭は再興された。しかし、それは以前の祭と異なり、津島色の濃い、新しい祭に変えられてしまったのである。

（1）『信長公記』首巻『愛知県史　資料編11　織豊1』三五頁
（2）武者舟の後の語は「千」と「二十」の二通りの解釈がある。
（3）『信長公記』首巻『愛知県史　資料編11　織豊1』八九頁
（4）市江車車屋　故服部通也さんのご教示による。
（5）市江車車屋　故服部通也さんのご教示による。
（6）『佐屋町史　資料編二』一九頁
（7）講演会「津島天王祭市江車鉾持についての考察」（2012年3月17日）配布資料
（8）『信長公記』首巻『愛知県史　資料編11　織豊1』六六頁
（9）今市場車屋家出身の大橋忠彦氏のご教示による。
（10）津田正生（1771〜1852）「津嶋祭考」の記述による。

他に津島天王社社家の真野時綱（１６４８〜１７１７）が「大祭勘例帳　上」の中で、津島と市江の掛け声について考察している。『津島市史　資料編㈢』八七頁

二　宇佐美家と東保

市江の車屋の宇佐美家は津島から東保に移住したと推測される。また、宇佐美家の付近の、小字大門の人達は「茨木衆《いばらぎしゅう》」と呼ばれ、津島天王祭で、船を組み上げたりするなど、祭に深くかかわっている。ちなみに、茨木という名は、市江庄の一部が後世、日置庄と茨木庄に変わったことに関係している。東保のうち東半分が日置庄に、西半分が茨木庄となった。それで、茨木庄に住んでいる人達を茨木衆と呼んだのである。

それでは、宇佐美家が派遣された場所になぜ東保が選ばれたのか、そしてどうして茨木衆という制度ができたのか、考えてみよう。

津島天王祭の市江の神事は星の宮（正式名称は星大明社）で行われる。前述（第三章）のように、星の宮は、東保と西保の境に位置し、参道の東側を東保、西側を西保という。

東保と西保を比べると、人口および土地の面積でも大きく異なる。現在は住宅団地などができ、他からの流入人口もあり、一概に比べられない。それで、宇佐美氏が移住した天正期に一番近い資料と

して、江戸時代の寛文年間（1661～1672）に編集された『寛文覚書』（『寛文村々覚書』[1]）の記述から、東保村と西保村について考察してみよう。

なお、天正期の村の状況になるべく近づけるため、新田の分は入れていない。

東保村

高四百八拾壱石

家数九拾七軒

人数四百弐拾三人

馬　弐拾九疋

寺　本願寺宗[2]　明源寺

西保村

高千八拾三石

家数百七拾三軒

人数八百九人

馬五拾六疋

寺　本願寺宗　暦明寺（現在の歴明寺）

〃　　長楽寺

〃　　真友寺
〃　　善定坊
〃　　法光寺
禅宗　松隣寺

このように比べてみると、西保村は東保村の約二倍の規模の村である。そして特に差が大きいのが寺の数である。東保村では一寺であるのに、西保村では六寺もある。そのうち五寺が浄土真宗の寺である。人数八百九人の村に六寺もあるのは特異なことであろう。

禅宗の松隣寺は、星大明社の別当寺（神宮寺）で、津島の興善寺の末寺であった。江戸時代の元禄15年（1703）に創建されているので、一向一揆の時代にはまだ無い。

歴明寺は天正13年（1585）に現在の稲沢市祖父江町から西保村に移った。法光寺は名古屋の興善寺の末寺として慶安2年（1649）に建立されたので、宇佐美氏が津島から派遣された頃には、この二寺は無かったと考えられる。

真友寺は現在愛西市八開地区の上東川町に移転しているが、元禄2年（1698）までは西保にあったと『徇行記』にある。[3]長楽寺は現在愛西市二子に移転しているが、それ以前は西保にあったと『徇行記』にある。[4]ただし、一向一揆の時に西保にあったのかは不明である。また、現在あま市七宝町安松にある福壽泉寺は一向一揆の時には西保にあったが、その後移転した。[5]

さて、宇佐美氏が市江に派遣された場所はなぜ東保村だったのだろうか。市江を掌握するには大村

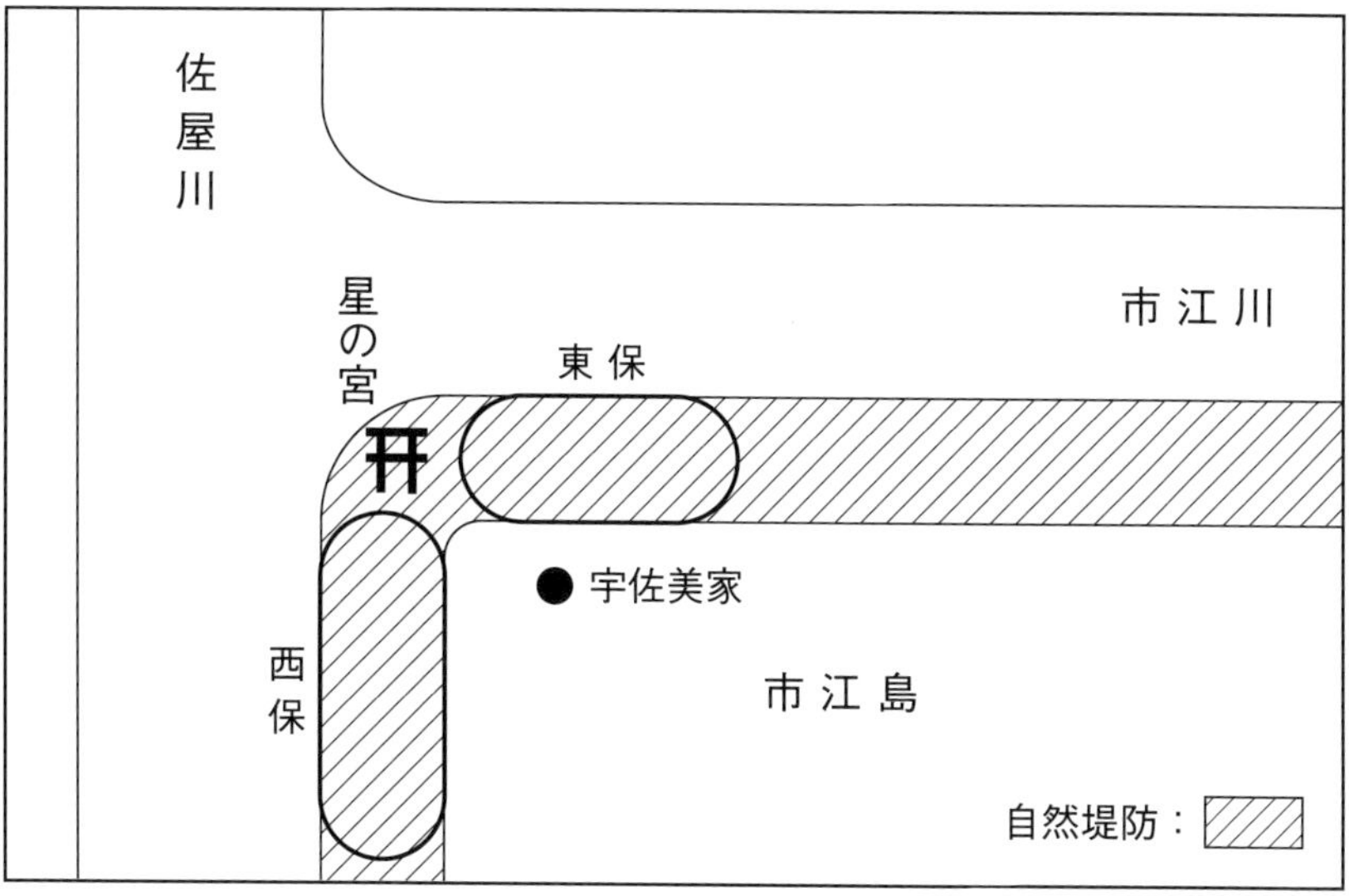

の西保村のほうが便利で有利ではないだろうか。
その秘密を解くカギは
一、西保村の浄土真宗の寺の多さ
二、宇佐美家の立地
の二点にあると考える。それでは、一点ずつ考察してみよう。

まず、西保村の浄土真宗の多さから考えてみよう。

前述のように西保村には浄土真宗の寺が多い。一向一揆の時に寺や寺の形をとる前段階の有力門徒として、善定坊・真友寺、福壽泉寺が存在していた。

たとえば、善定坊や福壽泉寺には、長島一向一揆の時に、織田軍と戦った記録が残っている。ちなみに善定坊の開祖は越前朝倉氏出身の武士であったと記録に残る。(6) また福壽泉寺の開祖は先祖が北面の武士で、近江の国の武士であったが西保に移ったと由緒書にある。そして一向一揆の時には氏家卜全を討つなど軍功があったことが伝えられている。(7)

このように西保には浄土真宗の有力な門徒が多く

いたことが推測される。

次に、「宇佐美家の立地」について考えてみよう。現在、宇佐美本家も宇佐美新家も、自然堤防上ではなく、その後背湿地に建っている。川に囲まれた海抜0メートル地帯では、少しでも土地が高い場所に家を構えようとする。東保は市江川の自然堤防上に、西保は佐屋川左岸の自然堤防上に家並が連なっている。

昭和20年の太平洋戦争の空襲の時には、旧市江川の南側に沿って建っていた家々にB29爆撃機から焼夷弾が落とされ、東保から本部田までの約2キロメートルの家々が焼かれた。(8) 地図で見ると、自然堤防上に住宅地が帯状に延びている。その情報を得たアメリカ軍が爆撃するのに効率的だと選んだと考えられる。

このように低湿地地帯に住む人々にとっては、少しでも標高の高いところ、自然堤防上の土地に住むことが重要課題であった。

しかし、ならばなぜ宇佐美氏は低湿地に居を構えなければならなかったのだろう。長島一向一揆の後、市江島は一時無人の地になったのだから、自然堤防上の条件の良い土地に居を構えることができたはずである。それができなかった理由を考えてみよう。

「市江祭記」佐藤家本には「天正四年の頃、名ある浪士宇佐美・服部・青木・佐藤之四人、荒地を起し百姓を招集メ、此市江島に在住し、廃れたる御祭礼を再興せばやと」ある。

これを読むと、まず四家の人が市江島に住み、その後に百姓を集めたように解読できる。四家の人達が住みついた時、本当に市江島に誰も住んでいなければ、自分の好きな土地を好きな広さを領することができたはずである。

しかし、文面をそのまま取ってもよいのだろうか。

宇佐美家が自然堤防の高地に居を構えることができなかった理由は、次のように考えられる。それは、宇佐美氏が東保に来た時には、もう既に東保の住民が自然堤防上の元々の自分の家や土地に戻っていたからである。

長島一向一揆の最終戦の天正2年（1574）には、織田信長は津島に本陣を置き、市江や長島に攻撃を仕掛けた。信長の嫡男信忠は東の市江口から、佐久間や柴田らは西の香取口から、信長は中央の早尾口から南下し、東・西・北の三方向から一揆軍の土地を蹂躙して行った。(9)

市江は戦において最初に攻撃を受けた土地だと考えられる。

最後まで戦った一揆勢は、長島城や屋長島砦・中江砦に籠城した。その後織田軍に降伏を申し入れたが聞き入れられず、総攻撃を受け、多くの人々が亡くなった。

市江は攻撃を早く受けたので、戦いについて多くの選択肢が可能だったと考えられる。最初から戦いに加わらなかった人もいただろうし、緒戦で形勢不利とあきらめて早めに戦闘から離脱した人もいたことだろう。このように、戦闘には加わらず早めに降伏したのであれば、織田方から咎めを受けることなく、戦後元の居住地に早々に帰ることができたのだと推測する。

私の実家は東保に代々住んでいるが、次のような言い伝えがある。

「東保に明源寺ができてからは明源寺の檀家になった。それまでは海津（海津市海津町）の寺の檀家だった。海津から東保までは川を何本も渡らなければならず、遠くて不便なので明源寺ができた時に旦那寺を変えた」という。ちなみに明源寺ができたのは、寛永11年（1634）である。

つまり、長島一向一揆が終結した天正2年（1574）には、まだ明源寺は無く、東保には寺が一つも無かった。そのため、東保の浄土真宗門徒は東保以外にある寺の檀家となっていたはずである。

海津といえば、津島大橋家の領地であった。海津の寺は長島一向一揆と関係していたのであろうか。私はその可能性は低いと思う。

なぜなら、海津という地は中世には津島の奴野《ぬのや》城を本拠地としていた大橋氏の領地であった。『海津町史　通史編　上』によると、大永2年（1522）に大橋源左衛門重一が初代の高須城主となり、その後、大橋氏・平野氏・常川氏ら津島の四家七名字と呼ばれる有力家出身者が歴代城主を務めている。高須城とは海津市海津町高須にあった。長島一向一揆の間の1570年から1574年の記録は無いが、永禄11年（1568）までは秋山信純・林長正・林正三・稲葉正成の四人が城主を務めている。『海津町史』の解説では、この四人は津島四家七名字の縁者であり、武名も高かったので高須の城を守らせたとある。

また『海津町史　民俗編』には、海津町に伝わる「伝説」として、次の記事を載せている。

宿母池　元亀二年長島の一向一揆を織田信長が征討した折、信長は敗れて軍勢を後退させたことがあった。信長は柴田修理亮・伊賀伊賀守・氏家常陸介らが、部隊の最後をまとめてくれたので、重囲を切開いて河戸の渡に至り、川岸の榎を目印に部隊の渡河を完了した。かくて高須で信長は休んだが、その折、家臣の加藤宿母は、ひっさげていた血鎗を池で洗った。これをみた将士らは、池で洗わないと敵と戦ったことにならないとして、みなが池で鎗をすすいだという。このことを記念して加藤宿母の名から宿母池と呼び始めたと伝えている。宿母池は別名を鎗洗池ともいう。

つまり、長島一向一揆第一次侵攻時、織田信長は岐阜への帰還ルートとして高須を経由している。信長と家臣は高須で休息をとった。家臣たちは戦で血の付いた鎗《やり》を池で洗ったらしい。その光景は地元の高須の人々にとって衝撃的であり、代々伝えられる程であった。

この行動をとった理由として信長自身の身の安全を図ったことが考えられる。古くから織田弾正忠家の領地であり、信頼できる家臣の守る土地である高須が一番安全なルートであるからであろう。また、そこで休息したというのも高須の土地を信頼していたからであろう。

つまり、高須（海津）は津島と同じ位信頼のおける土地であったと考えられる。そこには織田に反旗を翻す者もいなかったと推測できる。

また『海津町史　通史編　上』によると、海津町にも浄土真宗の寺がいくつかあるが、長島一向一揆に参加したとは書かれていない。

小島広次氏の「勝幡系織田氏と津島衆」によると、津島衆は大永年間数度にわたって織田弾正忠家と戦をしている。大永4年（1524）織田軍が津島を焼き、同年和睦が成立し、津島の大橋清兵衛重長に織田家の娘おくらが嫁ぐことにより、津島五か村は織田家の配下に下った。四家七名字が治める海津は、まさに織田家の息のかかった土地と言ってよい。そのような土地で織田家に反旗を翻すのは無謀といえる。海津の浄土真宗の寺院は富田聖徳寺と同じように傍観し、様子見に徹していたと考えられる。

また、海津が大橋家を始めとする津島四家七名字の管理下にあったことから、海津では津島や織田家の情報を入手しやすい土地であったと考えられる。そのため、海津の寺は織田軍の動きについて早くから情報を得て、それを檀家に知らせることも可能であったと考えられる。

長島一向一揆の緒戦は一揆勢が有利に進めた。信長がいわゆる信長包囲網といわれる多くの敵に対応しなければならなかったからである。そのため兵を分散させなければならず、長島付近の一か所に大軍を動員することが難しかった。しかし、比叡山が焼き討ちされ、武田信玄が病死し、浅井氏・朝倉氏が織田により滅亡させられると、織田軍を取り巻く状況は変わっていった。長島に派遣できる兵の数が格段に増えたのである。天正2年（1574）、織田軍は一揆勢の息の根を完全に止める「根切」をしようと大軍で攻めた。

信長は自ら津島の本陣に赴き、長島を取り囲むように、東・西・北は陸地から、南は海から攻撃を加えた。

織田軍の兵の数はこれまでで最大の八万人であった。そのため、この大戦では甚大な被害が予想された。海津の寺は市江にある檀家にこの情報を知らせ、戦いに参加せずに中立すること、また海津などの安全な場所に避難することを勧めることができたはずである。もし、住人（女子供だけでも）が避難していれば、終戦後いち早く市江に戻ることができるからである。なぜなら彼らは信長に反抗せずに市江の土地を渡したからである。非戦闘員である彼らは咎を受ける責任は無い。そのため、彼らはすぐに市江に帰り、自分の土地・家屋・田畑を元通り手にすることが可能だっただろう。そして、自然堤防上に建てられた元の家に戻ったのである。

戦の二年後に祭を再開するために車屋の宇佐美氏を東保に送り込んだ時、既に東保の住民の家屋が自然堤防の上に立ち並んでいた。そのため、宇佐美氏は自然堤防の後背湿地に居を構えざるをえなかったのだと推測する。

天王祭の車屋になるために派遣されたのであれば、東保ではなく西保に居を構えてもよかった。しかし、西保には織田軍との戦いに参加した浄土真宗の強硬派の寺や門徒も多い。そのため、戦いにあまり関わっていなかった穏健派の多い東保に決めたのだと考えられる。

そして、その時に星の宮や宇佐美家に近い大字大門の人々を「茨木衆」として、祭船の組み立てなど、宇佐美家を補佐する役目を決めたのだと考えられる。また、茨木衆以外の大門地区や東保のその他の地区「中」や「砂入」の集落の人々にも祭の準備などに携わらせたのだと推測する。

(1)『佐屋町史　資料編四』
(2) 本願寺宗とは浄土真宗のことである。
(3)『佐屋町史　資料編四』六三頁
(4)『佐屋町史　資料編四』六三頁
(5)『佐屋町史　資料編四』六六頁
(6)『佐屋町史　資料編四』四一頁

（7）『佐屋町史　資料編四』六七～六八頁
（8）『市江村誌』一六頁
（9）長島一向一揆については『信長公記』に詳しく著されている。

三　その後の黒宮氏

それでは、長島一向一揆の時まで、祭の主宰者であった黒宮氏はその後どうなったのか、その動きを考えてみよう。『佐屋町史　資料編二』に掲載されている「市江祭記」佐藤家本の記述をみてみよう。

（前略）夫より此祭礼中絶なかりけるに、元亀之頃市江一名河内又嶋内とも云之者共一揆を起し、織田信長公之御舎弟織田彦七殿市江嶋之内、西保村ニ或書ニ子消村ニ作る在城有ける責亡すに仍之、信長公御憤《イキドヲ》り甚敷、天正弐戌年七月十三日御馬を出され、市江一揆悉く御退治。此時黒宮修理が末葉黒宮治郎右衛門と云者、一揆大将たるによりて、一族不残滅亡し、農夫も離散し、自ら空《クウ》地となり、御神事も退転せり。（後略）（傍線は筆者加筆）

ここでは黒宮修理の子孫である黒宮治郎右衛門という者は一揆の大将（首謀者）であったので、黒宮一族は一人残らず滅亡させられた、とある。

「市江祭記」黒宮家本、服部家本㈠、服部家本㈡、宇佐美家本も同じように、黒宮氏一族の滅亡が記されている。

しかし、現在、愛西市を始めとして、黒宮姓を名乗る人は多い。黒宮氏は、本当に一族残らず滅亡させられたのであろうか。その疑問から、一揆後の黒宮氏の動向を考察してみた。

まず、島根県松江市の黒宮氏について考えてみよう。

『姓氏家系大辞典　第二巻』には、

黒宮　クロミヤ　京極殿給帳に「三百石・黒宮佐太夫、貳百石・黒宮仁左衛門、貳百石・黒宮三郎兵衛」を載せたり。

とある。

『新修島根県史　資料編2　近世　上』で調べてみると、「京極忠高の寛永年間（1624～1644）の「京極殿給帳」に黒宮佐太夫三百石、黒宮仁左衛門弐百石、黒宮三郎兵衛弐百石」が記載されている。

ところで、「京極殿給帳」というのは、京極家が家臣に与える給与を記録した帳簿である。京極氏とは、近世に近江北半国を領地とした守護大名である。佐々木信綱の四男氏信が、京都京極高辻に屋敷を構え、京極氏と称したことに始まる。一時は近江を始め五か国の守護となった。しかし、内紛により、応仁・文明の乱の頃から衰退。高次の時、織田・豊臣家に仕えて再び栄え、関ケ原の戦いでは東軍に属し、戦後若狭国小浜八万五千石を領した。その後、高次の子、忠高は出雲国松江藩主二十六万四千石余となったが急死。甥の高和が養子として認められ、播磨国竜野六万石に国替えされた。

この京極氏が出雲国松江藩に入る以前は、堀尾吉晴（１５４３～１６１１）とすでに家督を継いでいた子の忠氏（１５７７～１６０４）の親子が出雲・隠岐両国二十四万石を領していた。吉晴は尾張国、現在の愛知県丹羽郡《にわぐん》大口町《おおぐちちょう》で生まれた。豊臣秀吉の家臣となり、戦国武将として活躍した。１６００年の関ケ原の戦いでは、徳川家康率いる東軍に参加して勝ち組となり、論功行賞で二国を得たのである。

しかし、吉晴の孫の忠晴（１５９９～１６３３）は嫡子に恵まれず、堀尾家は三代で断絶した。その後に入府したのが、京極氏である。先述の黒宮姓の三人が京極氏に伴って入府したのか、堀尾氏の遺臣として松江に残り、そのまま京極家に仕えたのかは不明である。

ところで、堀尾氏が松江入府の時、紀州（和歌山県）の雑賀の鉄砲集団雑賀衆を配下に組み込み、連れて来たという。雑賀衆は、伊勢長島一向一揆の時、本願寺の傭兵（雇い兵）として、河内に派遣され、一揆側に加担した。傭兵とは、金銭などの利益により、戦争に参加する兵、または集団のことをいう。

その当時の市江の統治者、黒宮次郎右衛門（治郎右衛門）は一揆大将であったので「黒宮一類之者共滅亡し」（黒宮家本・服部家本㈠）「治郎右衛門始め一族不滅亡し」（服部家本㈡・宇佐美家本）「（黒宮治郎右衛門の）一族不残滅亡し」（佐藤家本）と各「市江祭記」に記されている。

しかし、長島一向一揆で、長島城に籠城した一揆勢は多芸山や北伊勢を通って大坂に逃げ込んだ、と『信長公記』にある。この時、黒宮氏も雑賀衆とともに大坂（石山）本願寺に逃れ、生き延びた可能性もある。

雑賀衆はいち早く鉄砲を取り入れ、優れた射手を養成すると共に鉄砲を有効的に用いた戦術を考案して優れた軍事集団へと成長した。雑賀衆は傭兵だったため、一向一揆の最後までとどまる必要はなく、敗戦色が濃くなった時点、あるいは契約が終了した時点で河内から引き揚げた可能性が高い。その時に、黒宮氏も雑賀衆と行動を共にした可能性も考えられる。

その後、雑賀衆が堀尾氏の配下に組み込まれた時、黒宮氏も堀尾氏の家臣に採用された可能性もある。

この「京極殿給帳」は寛永年間（1624～1644）に作成されたものであり、天正2年（1574）に長島一向一揆が終結したことを考えると、五十年から七十年もたっているので、この時に逃亡した黒宮氏の子からひ孫の世代になっている、と考えられる。またこの三人は、二百石から三百石（現在でいう年収二千万円から三千万円）という高禄を給付されているので、それなりの実力を認められた優秀な人物であったようである。

次に、足守藩用人の黒宮氏について考えてみよう。

江戸時代後期の洋風画家、司馬江漢（1747～1818）はその著書『画図西遊譚《たん》』の中で、足守藩用人の黒宮氏の家に泊まったことを記している。足守藩とは、江戸時代に、現在の岡山県岡山市を中心とした地域にあった二万五千石の藩のことである。豊臣秀吉の正室おねの兄、木下家定を藩祖とする。用人とは、江戸時代に大名家、旗本家において、財政を始め、諸雑務の処理にあたった役人のことで、大名家では一般に家老に次ぐ高い格式を持った。

黒宮家がどのような経緯で足守藩に入ったのかは不明であるが、用人という高い地位に就いていることを考えると、かなり優秀な一族であったであろうと推測できる。

次に、一向一揆収束後、愛西市山路町（旧立田村山路）に潜んでいた黒宮一族について考えてみよう。

長島一向一揆は、織田信長の勝利に終わった。屋長島と中江の砦で最後まで抵抗した一揆の人々は、柵で何重にも取り囲まれ、火をつけられて焼死した、と『信長公記』にある。

しかし、前述したとおり、大坂の本願寺に逃亡した人々は生き延びている。

そもそも、この戦いは一向一揆という性格を持つ前に、織田信長の領土拡大を目指す河内侵攻から始まった。

織田氏は、津島の南の尾張南西部を自分の支配下に置こうとした。それで、まず手始めに服部左京進の支配下の弥富市に侵攻し、占領しようとした。この戦いでは、難畑が主戦場になり、多くの戦死者が出たという。現在も地蔵がまつられ、戦死者を慰霊している。

この後、信興は、小木江城（愛西市森川町・旧立田村森川）に移る。小木江はもともと織田信長の領地ではなく、立田門徒という一揆勢の土地であった。信興は小木江に城を作った。城といっても砦程度の小規模な造りのものだったらしい。

敵地のまん中に、島のように城（砦）を作った信興であったが、この後不幸が襲う。織田の強大化を恐れた浅井（近江）・朝倉（越前）・武田（甲斐）などの大名や本願寺顕如らが反信長の姿勢を取る。いわゆる信長包囲網である。

本願寺の顕如は元亀元年（１５７０）、信長を法敵とみなし、全国の門徒に信長への軍事的蜂起を呼び掛けた。そのため、小木江城も門徒に攻撃され、落城した。信長は、浅井・朝倉に手を焼き、小木江に援軍を出すことができなかった。そのため、信興は自刃（地元の伝承では門徒に殺されたとされる）した。

その後、元亀4年（１５７３）4月、武田信玄が病死し、同年（7月に天正元年に改元）8月一乗谷の戦いで信長は朝倉家を滅亡させ、9月には浅井長政を小谷城で討ち、浅井家を滅亡させた。包囲網を撃破した信長の矛先は、次に伊勢長島願証寺を中心とした本願寺門徒に向けられた。

天正2年（１５７４）7月、七万を超える軍勢で、陸と海から織田軍は総攻撃をかけた。市江、立田、香取（三重県桑名市多度町香取）の陸の三方からと伊勢湾の九鬼水軍で包囲し、遂に9月、織田軍の勝利で戦いは終結した。

長島一向一揆で「一揆大将」であった黒宮一族は、織田家から「一族不残滅亡」させられてしまった。とはいえ、実際には滅亡したわけではない。

ともあれ、市江島に住むことができなくなった黒宮氏のある者は、愛西市山路町（旧立田村山路）に身を隠した。

元和年間（１６１５～１６２４）佐屋宿を作るため、住民を募集した。その時、黒宮氏の一人が山路から出て佐屋に移住した。その詳細が、佐屋宿本陣の加藤五左衛門が記した「あらい旧記」に記されている。

江戸時代に東海道が整備されたが、宮（名古屋市熱田区）と桑名（三重県桑名市）の宿の間が海上で七里あり危険なため、そのバイパスとして佐屋街道が整備された。その中で、一番大きな宿場が佐屋宿である。佐屋街道は、宮から佐屋までは陸上で、佐屋から桑名までは木曽川などの川を縫って船で渡った。

「あらい旧記」から、黒宮氏に関する箇所を抜粋する。

一黒宮氏　出性ハ　山地より越

山路（山地）から佐屋に移って来た黒宮氏は、1770年代中頃まで「黒宮」という本来の姓を名乗ることができず、山地《やまじ》という地名を名乗っていた。これは、1574年の長島一向一揆終結時、織田信長の「一揆大将である黒宮氏は一族残らず滅亡させせよ」という命令のためであろう。黒宮氏は素性を隠しながら、山路に隠棲していたのだった。そのため、織田信長が死に、徳川家康が天下をとって江戸時代になっても、なかなか素性を明かせなかった。そして、伊勢長島一向一揆から二百年近くたって、ようやく本姓である「黒宮」を名乗ることができたのである。

さて、佐屋宿に移住した黒宮氏は、佐屋村の庄屋となった。

そして、新田開発を進め、巨万の富を得た。

明治23年の愛知県の貴族院多額納税者議員互選名簿に佐依木村の黒宮織之助が愛知県第十四位の高額納税者として載っている。当時、黒宮家は、佐依木村・山路村の他、三重県桑名郡木曽岬村・伊曽島・海部郡の十四山村・市江村など十一か村に土地を所有した。

さらに明治30年には、佐屋川廃川に伴う土地の移譲、明治40年の木曽川改修により、所有地を拡大していった。

さて、佐屋黒宮家から十四山村（現弥富市）六條新田に移った分家から出た文人に黒宮重佳（砂郊）がいる。彼は、文化11年、六條新田に生まれた。名古屋の林玄教堂に学び、六條村の庄屋となり、学問を請う門人は六百人を超したという。

六條新田に建立された顕彰碑には、黒宮氏の歴史が記されている。

伊勢国長島城為織田右府所滅矣
子孫潜居于海西郡東保山路村間（以下略）

とあり、長島城は織田信長によって滅ぼされ、黒宮治郎右衛門の子孫は海西郡の東保と山路村の間に隠れ住んでいた、とある。

顕彰碑の碑文によると、元和元年に佐屋宿を新たに設置することになり、住民を募集した。その時、孫兵衛信重は隠れ住んでいた山路から出て、佐屋宿に住むことにした。その子重利は孫兵衛を襲名し、寛永年間に新しく新田を開墾し、佐屋新田と名付けた、とある。

ところで、黒宮氏が隠棲していた「東保と山路村の間」とは、一体どこであろう。東保と山路の間には、佐屋川が流れていた。信長軍の目から逃れるとすれば、もともと住んでいた市江島より対岸の方が目につきにくい。山路本郷と佐屋川の間には自然堤防に沿って民家が建っている。古くはその地を屋敷畑といったそうだ。山路本郷では目立つので、このあたりに隠れ住んでいた可能性もある。

インターネットのグーグルの「名字由来ネット」では黒宮姓の人は全国におよそ二千七百人いるという。愛知県はおよそ千人。そのうち多いのが愛西市でおよそ二百十人、弥富市もおよそ二百十人である。名古屋市にも各区でおよそ十人から八十人ほどいるという。三重県全域ではおよそ八百二十人である。その中で一番多いのは四日市市でおよそ二百五十人。桑名郡木曽岬町でおよそ百六十人、松阪市でおよそ七十人などである。

『信長公記』にあるように「一族不残滅亡」してはいなかったのである。

ともあれ、黒宮氏の子孫および関係者は、愛知県愛西市・弥富市から三重県の北中部にかけて多くの人たちが生き延び、江戸時代や明治時代になると再び黒宮の名字を名乗ったのである。その人達にとって、黒宮という名字は何にも代えがたい誇りであり、子々孫々に伝えていきたい大切な先祖からの宝物であったのだろう。

第七章　津島五か村の様式に変えられた市江の祭

一　「車屋」の名称について

祭の主宰者となる家を「車屋」と呼んでいる。これは、市江車も津島五車も同じである。まず「車屋」という名称の始まりについて考えてみよう。津島五車のうち、米車と堤下車は、初めは船ではなく、陸の上を行く本来の意味である「車」を使って祭を行っていた。そのため、祭車を司る家を車屋と呼ぶようになった、と考えられる。

後に慶長4年（1599）、米車・堤下車も下車・筏場車・今市場車と同じ船祭になった。(1) この時から五車とも現在と同じ船祭になったが、車屋の名称は残ったと考えられる。

また、米車などの「車」を付けた名称も陸車を出していた時代の名残と推測できる。

ところで、市江では、祭では車ではなく、船を出していた。しかし、名称に市江車と「車」がつく。また祭を主宰する家も「車屋」と呼ぶ。

もともと船祭だったので「市江車」や「車屋」という名称が使われていたとは考えられない。

黒宮氏が祭を主宰していた時代には別の名称があったと推測される。そして、主宰者が宇佐美家に代わった時に、津島で使われていた「車」「車屋」という名称が導入されたと考えられる。

宇佐美家は津島にある浄土宗瑞泉寺の檀家である。瑞泉寺は江戸時代以来津島の車屋である大橋・豊場・堀田・伴家の菩提寺でもある。(2)東保の中で浄土宗は宇佐美家本家一軒のみである。

また、原昭午氏は、宇佐美家が尾張藩に提出した願書の中に「私曾祖父宇佐美又右衛門、福島左衛門太夫殿御家中大橋茂右衛門近臣ニ御座候ニ付、右之所ニ浪人ニ而懸リ罷在候、市江島之内東保村昔より村立ニ御座候」と書かれていることから、宇佐美家と津島大橋家と姻戚関係にあることを指摘している。(3)大橋茂右衛門重賢は津島四家で車屋を務める大橋家の出身で、初め福島正則に仕えていたが、後に松江（島根県）松平家の永代家老になった人物である。

それらのことから推測すると、宇佐美家はもともと津島出身で、天正4年（1576）に市江車を再興する時に、東保に新しい車屋として派遣された可能性が高い。

私は、次のように推測してみた。

天正2年（1574）に長島一向一揆で負けると、市江島は無人の島になった。

市江島は葭原を開墾してできた土地である。除草をせず、手入れを怠れば、すぐに元の葭原に戻ってしまう。せっかくできた田畑が全く価値の無い土地に戻ってしまうのである。またこの辺りは養蚕業も盛んで、舟運の技術を持っていた人も多くいたと考えられる。このような経済的収益の損失を、合理主義で経済至上主義の織田信長が放置しておくとは考え難い。

織田信長が市江や長島を攻略したのは島民の殲滅のためではない。その土地を織田の領地にし、年貢などの収益を図るためである。

そのため、逃亡してしまった島民を市江島に戻し、田畑などの維持管理に務めさせ、年貢などの税収入を図ろうとした。そのため、まず島民の帰還を第一に考えたのである。

黒宮氏が山路に隠棲していたという言い伝えがあるように、戦いに参加した島民は織田方の残党狩りから逃れるため、島の外に隠れ住んでいたと考えられる。

ところで、一向一揆の前から行われていた天王祭の市江の祭礼行事が復活するということは、「市江が織田方から許されたこと」を意味する。祭の再興を見聞きした島民は再び市江島に戻り、以前の生活を始めるだろう。そして織田領となった市江からは新たに税収が見込めるのである。織田家はそのために市江の祭や神事を復活させたと推測される。

しかし、復活された祭は以前の祭と異なっていた。祭の日時・神事を行う星の宮という場所・津島牛頭天王社への参拝などは以前の祭から継承されたようだ。しかし、祭の要点や様式はほとんど変えられてしまった。

まず、祭の主宰者は、黒宮氏から宇佐美氏に変えられた。黒宮氏は「一揆大将」であったため、織田氏としてはどうしても市江の地から排斥すべき一族であった。そのため黒宮氏には一切関わらせない祭にしなければならなかったのである。

黒宮氏に代わり、津島出身の宇佐美氏を新たに主宰者である車屋に任命した。

市江は、もはや黒宮氏の支配する地ではなく、織田家や織田家の息のかかった津島の支配下に置かれたことを見せつけようとしたのだ。

服部家や佐藤家などの従来からの有力者は、四家として由緒連中に就任させた。由緒連中とは、その家から児や囃子方などを出し、祭の中心事項に関わることができる家系で、苗字帯刀を許され、子々孫々に代々継承される。しかし、車屋よりは格下とされた。

現在、車屋は東保の宇佐美家と荷之上の服部家の二家が務めている。これは、天保5年（1834）からのことで、[4] それ以前の車屋は宇佐美家一家のみで、服部家は由緒連中であった。

つまり、車屋宇佐美家を頂点とし、その下に従来からの市江の有力者の家が置かれたのである。今までには無い新しい身分秩序が作られたのである。

また、今までの市江の祭には無かったものを導入した。それは津島五車の祭の形式である。鞨鼓を付けた児・能人形・屋形や屋台の組み立て方・逆さ小袖幕・紅白の梅花や松の枝の飾り・囃子の演奏法や楽器など、あらゆる点において津島の祭の様式が導入された。それは中世末期に流行した、当時最新の祭だったのである。

ところで、これは市江島を始め、立田や長島など長島一向一揆を起こし、織田家に反抗した地域への警告でもあった。

市江の祭は織田の支配の下で再開された。しかし、それは従来の黒宮氏が取り仕切っていた祭の様式を残さない新しい祭に変えられた。黒宮氏時代の祭を否定し、津島と同じ様式になった市江車を見せることで、新しい時代に変わったことを明確に示そうとしたのである。

そして、新しい身分の秩序を示そうとした。黒宮を頂点とする旧来の身分秩序から、織田を頂点とする織田―津島―市江という新しい身分秩序に変わったことを見せつけようとしたのである。

祭りの変化を通して、織田家の権力や威光を誇示し、民衆に理解させるための演出であったと推測する。

（1）「大祭筏場記録」『津島市史　資料篇㈢』　二五八頁
（2）『無形の民俗資料記録　津島祭』　二五頁
（3）「津島祭が伝える海部・津島の歴史」『愛知県史研究　第七号』　三頁
（4）『佐屋町史　資料編二』　一五八～一六〇頁

二　津島天王祭の「車屋」と熱田天王祭の「車家」

津島天王祭と同じような祭が、昭和初年ごろまで続けられていた。熱田天王祭である。熱田神宮の境内にある牛頭天王を祀る南新宮社の例祭である。現在は、熱田まつりというが、道路に電線が張り巡らされる明治以前には、車楽車や大山車が出されていた。市場村の車楽は昭和の初めに、残りの六輌は明治31年頃、市内に電線が張られ、奉曳ができなくなり、廃絶した。ただし、この祭の車は船ではなく、陸の上を行く、本来の意味での車であった。

車楽と大山が初めて出された記録は文明年間（1469～1487）とあり、津島より古いらしい。また、車楽や大山を出す八か村のうち、市場村には、徳川家康から葵の紋の付いた帷子《かたびら》を下付されたという由緒がある。元禄12年（1699）に書かれた「八ケ村祭礼之覚」(1)には、そのいきさつが次のようにある。

車役者子供薄之葵之御紋帷子年行事毎ニ着申候、此義ハ昔権現様御上洛之砌、市場村之車源太夫社之神前ニ而打囃申候を被為遊　御上覧、御感之余り依御所望又一拍子仕候所ニ、為御褒美右帷子役者子供江被為下置、其以後以御吉例着来申候（以下略）

権現様、つまり徳川家康も見た祭として、格式の高い祭として認識されていた。

その「八ケ村祭礼之覚」には、「車家」という言葉が何度も見られる。その一部を抜き出してみよう。たとえば、前述の「市場村車由緒」の項には

一車家蔵福寺内ニ造置、諸道（具脱）用干等之義蔵福寺江寄合仕候

とある。また「東脇村車之由緒」の項には次のようにある。

一車家壱軒
是者東脇浦長音寺寺内ニ作り有之候
一右長音寺ハ年行事祭礼之寄合所ニ而御座候

「今道村車之由緒」の項には次のようにある。

一車執行之会所ハ古来ゟ地福寺ニて御座候、右寺内ニ車家有之、諸道具入置申候
一右地福寺門前ハ先年ゟ車引込所ニ而御座候ニ付、門前之巾弐間半御座候

これらの資料を読むと、車家は祭車の祭道具の保管場所であり、祭礼の時には祭の準備をするために人々が集まる、祭の中心となる建物であることがわかる。ちなみに津島天王祭の「車屋」に相当する言葉は「もろと」といい、諸頭とも書く。

ところで、熱田天王祭の「車家」を「くるまや」と読んだとすれば、津島の「車屋」に通じるものがあるかもしれない。車家が車屋に変わり、津島で使われるようになった可能性も考えられよう。

（1）『新修名古屋市史　資料編　民俗』

第八章　本来の市江の祭

前章で示したように、伊勢長島一向一揆以前の黒宮氏が主宰していた市江の祭は、織田信長によって破滅させられた。そのため、どのような祭であったかは全く分からなくなってしまった。信長は侵攻した土地の人民の命だけではなく、文化や祭も壊滅させてしまったのである。しかし、乱の二年後、市江の神事や祭は復興されたらしい。

では、市江に伝わっていた元来の祭とはどのようなものであったのだろうか。

現在の市江の祭は津島出身の宇佐美氏が車屋となり、津島の様式を導入したことにより、津島色の濃い祭となってしまった。元来の祭を推測するにはどうしたらよいのだろうか。

それには、市江の祭から市江と津島の共通の事項を除けばよい。つまり、市江の祭にだけあり、津島の祭には無い行事や様式を抜き出して考えれば、本来の市江の祭が見えてくるのではないか。

それは以下の四点である。

一、鉾の奉納がある。

二、大屋台の屋根が唐破風である。

三、宵祭が無い。

四、大山が出た確実な記録が無い。

二の大屋台の唐破風の屋根については、「頼長が乗る市江車」で詳しく解説しているので、それを参照されたい。

それでは、鉾について考えてみよう。

鉾については前述のとおり、古代から祭祀で使われている。私は、市江の祭は鉾に疫病などの災厄を付けて津島神社の大神様（牛頭天王・建速須佐之男命）の神前に奉納して大神様に退治・退散を祈願する神事が中心になっていると考える。

京都の祇園祭の時に、下京の町衆が出す長刀鉾などの鉾も、元来は人が持ち運びできる武具としての大きさのものであった。上京の町衆が出す剣鉾も現在は大型化しているが、元来はやはり武具としての大きさのものであった。

祇園祭の鉾は、町内を巡り、疫病の原因となる疫神を依りつかせ、集める装置である。そのため、各町に戻ると間髪を入れず、すぐに解体する。放置すれば、せっかく集めた疫神が鉾から離れ、また町中に拡散するからである。解体すれば依りついていた疫神も消滅し、その町の人々は疫病から免れると考えられているからである。

市江の鉾も祇園祭の鉾や上京の剣鉾と同じように疫病や疫神を依り付かせる依代だと考えられる。ところで、愛知県名古屋市の熱田神宮の摂社である熱田南新宮社の天王祭でも同じように鉾が出されていた。この天王祭は、熱田大山祭・熱田祭とも呼ばれていた。

寛弘年間（１００４～１０１２）に疫病が流行したため、疫神を「旗鉾」で天王社（熱田南新宮社）へ祀ったことから始まったという。文明年間（１４６９～１４８７）になると、祭の出し物を山車に変えた、と伝えられている。[1]熱田の八か村を三つのグループに分け、三年に一度、車楽または大山を出すように決められていた。

車楽と大山が出る祭様式は、津島天王祭とよく似ている。しかし、明治時代になり、町中に電線が張り巡らされると、山車の曳行ができなくなり、やがて廃絶してしまった。

現在は、6月5日に、南新宮社の周りを束ねた御葭（神葭）で飾り、その社前で神事を行い、その後御葭を集め、神宮内の小川に流して終わっている。

さて、文明年間に車楽と大山を出す祭に変わったのであるが、寛弘年間から出されていた旗鉾の奉納も、並行してそのまま続けられていたのである。

水野藤吉氏の「熱田の大山祭」に詳しく解説されているので、そのまま抜粋する。

六月五日朝卯刻（六時）南新宮、供御、社頭、祢宜神前に御葭を飾る。これは摂社青衾神社（田中）に置かれた、葭を持ち帰り、二十本宛の束、二把を作り、南新宮社の納め、又十八本宛の束、十八把を作り、社殿の横に台を設けて、それに立てる、二十本宛の二束を社殿の内へ納めた時に、昨年の古い分を取り出して、これと交換する。御葭迎、小麦、神酒を内陣に献ずる。山車の出る年行事町からは卯刻（六時）に村々を出て幡桙（鉾旗）一本宛を献上、両祢宜これを請取り、神前に立てる。（中略）同日午刻（十二時）其の歳の山車が出る。（中略）

六月六日寅刻（四時）御葭祭、社頭、祢宜祝詞を奏し終って、前日神前に飾られた御葭《みよし》（吉棄《よしき》物《もの》、凶棄物《あしきらいもの》）を社の艮の方（東北）裏の御池（四間四方）の中に流す。此の池の周囲には木柵を建てめぐらされ御葭池と呼んでいた。往古は此の附近が海岸であった。のち陸地になり、古例の儀式用に、池として残されていたが、今は廃され、そこに町の新宮坂神社が鎮座されている。

また高力猿猴庵著の『尾張年中行事絵抄　中』には、江戸時代の熱田天王祭の日の熱田南新宮社の絵が描かれている。拝殿の前には鉾が奉納され、立てかけてある。(2) その様子は津島神社の鉾の奉納の様子とそっくりである。(冒頭絵画資料7―A・7―B)

また同著には、津島天王祭の市江の鉾持ちの絵が描かれているが、その絵では、何と熱田天王祭の時に奉納される鉾が間違って描かれている。(3) この絵を描いた猿猴庵は本物の市江の鉾を見ずに描いたと考えられる。江戸時代の画家、猿猴庵にとっては、津島天王祭の鉾も熱田天王祭の鉾も同じ性格のものであり、同じように描けば良い、と安易に考えていたように推察できる。(冒頭絵画資料8)

以上のことから、津島天王祭の鉾も熱田天王祭の鉾も同じ目的で出されていた、と考えられる。また、熱田の記録「八ヶ村祭礼之覚」には「疫病が流行した時にそれを鎮めるために旗鉾を奉納することから天王祭は始まった(現代語訳)」とある。そして、文明年間に車楽と大山が出されるようになっても、以前と同じように鉾の奉納は行われていた。それほど鉾の奉納は祭にとって重要なことであったのである。

現在でも、熱田南新宮社では、社殿とその周りに葭を飾っている。その葭は、神職の手によって片付けられ、神宮境内の小川に流されるそうである。(冒頭カラー写真6―A～6―C)

これもまた津島天王社(津島神社)の「神葭流し神事」とよく似ている。その神事とは、市江の鉾が奉納された日の深夜、津島神社の神職の手によって、昨年から神社内殿に納められていた真の神葭と今年の天王祭のために新しく刈り取られて飾られていた神葭を天王川公園の池（かつては天王川）に流すことである。

「鉾の奉納と葭を水に流すこと」、この二点は同時に行われることにより、疫病平癒・退散の効果が現れると考えられていたと推測できる。熱田の町や市江庄の疫神を鉾に付けて、天王社に奉納する。その後、その疫神を葭に移して川や海に流して消滅させようとする祭であることがよくわかる。

このように見てみると、伊勢長島一向一揆以前の、黒宮氏が主宰していた津島天王祭の市江の神事は、古からの日本の疫神退治の方法である「鉾に疫神を依りつかせ、市江庄から疫病を消滅させる」ことが目的であったと考えられる。

保司であった黒宮氏が、氏神である「保司の宮」（星の宮）で祭祀を行った。楽を奏で、疫神を集め、慰撫し、鉾に依り付けた。その鉾を津島天王社に奉納して、疫神の消滅を祈願したものと推測する。ただし、初期の祭祀では、津島天王社まで行かず、市江庄の中で水に流して疫神の消滅を祈願していたのかもしれない。

津島天王社に「鉾を奉納する」（冒頭写真9A～9C）ことが、市江の神事・祭の目的である。そのため、そのことに関係が無い宵祭や大山は必要が無かった。鉾を載せるための船（現在の車楽船・つまり市江車）だけが必要だった。そのため、宵祭も大山も市江からは出されなかったのだと推測する。

（1）熱田南新宮社の記録は「八ヶ村祭礼之覚」『愛知県史資料編15　近世1　名古屋・熱田』七二一

頁　による。

（2）『名古屋叢書三編　第六巻　尾張年中行事絵抄　中』一一二頁

（3）『名古屋叢書三編　第六巻　尾張年中行事絵抄　中』一八二頁

第九章　江戸時代の津島天王祭

一　織田信長・豊臣秀吉・徳川家康の祭への寄付

市江車には、徳川家康が寄付した祭道具がある。神君様御寄附物《しんくんさまごきふもの》と呼ばれ、大切に扱われてきた。金襴唐織の小袖が一枚現存している。正確には紅繻子地中牡丹一重蔓金襴小袖という。『佐屋町史　資料編二』では、この着物の解説を載せている。解説は徳川義宣氏である。

（前略）後見頃には背縫がなく一幅で六六・六センチメートルあり、織機の幅は七十センチメートルに余ったかと思はれる。文字通り法外な大幅で輸入品、それも牡丹の花や蔓の意匠の形に鑑み、萬暦年間の中国産の生地と推される。（中略）金襴に用ゐられた箔には、幅の広いもの狭いものがあり、不揃ひである点は、時代の古様を示してゐる。総体に金襴地を用ゐてをり、到底通常小袖や普段着とは考へられない。能装束としてなら用ゐられないこともないが、紅地金襴では用途が限られ、また現存能装束にはその例を見ない。広幅の織物を能装束に用ゐた例も、上衣に繻子地金襴を用ゐた例も管見には触れてゐない。よってこの小袖は極めて異例であり、特殊な目的のために作られたものと推量され（中略）奉納用に特別に製作させたものと考へることが、最も妥当

であると思はれる。（後略）

「市江祭記」服部家本二・宇佐美家本などには「金襴唐織の小袖六ツ　人形そばつき壱ツ楽の胴掛（懸）壱ツ」と書かれている。寄付の年は車屋である服部家が所蔵する「尾張津島天王六月御祭礼市江御車古格式　全」には「慶長十九年」（１６１４）とあり、「市江祭記」（佐藤家本）には「慶長廿乙卯年と云、此年改元元和年」（１６１５）とあり、この頃に寄付されたようだ。

織田信長も祇園祭の山のひとつ、芦刈山《あしかりやま》に衣装を贈っている。[1] それは、山に飾る老翁の人形に着せる衣装である。贈られた当初は使用していたのかもしれないが、その後大切に保存されてきたため、現在も当時の美しさを保ったままである。「綾地締切蝶牡丹文片身替小袖」という。

神君様御寄附物
市江車に徳川家康が寄付した小袖。
現存しているのはこの一枚のみ
出典：『企画展　尾張の天王信仰』

　信長が京都の町衆《ちょうしゅう》に衣装を贈った理由は何であろうか。信長は足利義昭を擁して上洛した。信長にとって、商業などで経済が発展していた京都は、どうしても把握したい都市であった。また、町衆からの文化力・情報発信力も得たかった。そのためには、当時の経済の中心地、下京地区の町衆と懇意にしておく必要があった。そのため、町衆の大切にしている山のシンボルである人形の衣装を贈ったのである。

ちなみに、織田信長が尾張津島天王祭を弘治4年（1558）に見物に来た記録がある。しかし、寄付の記録はない。津島は何度かの争乱の後、信長の祖父信定の手によって、大永年間（1521～1528）に織田家の支配下に下った。信長にとって、津島は既に織田家領にある町であり、新たに人心掌握する必要が無かったからである。

豊臣秀吉も祭道具を贈った記録が残されている。大坂（大阪）の天神祭に催太鼓を寄付している。催太鼓とは、天神祭のメインイベント陸渡御の時、神輿の渡御の列の先頭において六人一組で打たれる大太鼓のことである。

この秀吉の寄付も大坂の商人たち有力者の人心掌握のためである。

ちなみに、秀吉の津島神社への寄進はある。天正19年（1591）、母の病気平癒のため、楼門を寄進した。しかしこれは牛頭天王信仰のためである。

織田・豊臣家にとっては、津島は古くからの支配下の町という考えがあり、祭道具の寄付という考えは思いもしなかったのであろう。

徳川家康の寄付も、信長や秀吉の祭道具の寄付という前例にならい、踏襲されたものと考えられる。ただ、家康の場合、人の心をつかむというだけで考えてはいけないだろう。なぜなら、家康が寄付をした1614年、1615年は大坂冬の陣・夏の陣が勃発した年だからである。

もし、寄付の時期が1615年なら、五月に大坂夏の陣で豊臣家が滅亡し、これからは江戸の徳川将軍家が唯一天下の中心であることをアピールするための手段であったと考えられる。

大坂夏の陣で討ち死にした武将の中に津島出身者もいる。堀田甚左衛門、堀田図書介、真野蔵人である。記録などから一万石から三千石クラスの高禄の武将であったらしい。信長が津島の二・三男を集めた「津島衆」は、信長の死後、そのまま秀吉の家臣になった者も多い。また彼らの家臣も縁故などから津島出身の人が多かったであろう。そのため津島の町衆は大坂寄りと考えられていたにちがいない。

津島五車には贈らず、市江車にだけ祭道具を寄付する。しかも市江車は祭の先頭を必ず行き、津島五車の前を行く。また市江車は津島五車より一回り大きな車である。この市江車に家康の贈った祭道具が飾られれば、それを見た民衆は、視覚からも「これからは徳川様の世だ」と強烈の世の中の変化を感じとることができたことだろう。

もし、寄付の時期が1614年、大坂冬の陣の前に贈られたのなら、どうだろう。先に述べたように、祭道具が飾られることにより、徳川家の力を誇示することができる。もう大坂方（豊臣方）に味方しても勝ち目はない、と視覚から訴えることができる。当時、前述の堀田らに味方するために、津島やその周辺から浪人たちが大坂に行こうとしていただろう。その浪人たちの動きの抑止のため、多くの祭道具の寄付という方法がとられたとも考えられる。しかし、津島天王祭が行われるのは6月。大坂冬の陣の契機となった方広寺鐘銘事件が起こったのが7月26日であるので、その可能性は低いと考えられる。また「市江祭記」佐藤家本には「慶長廿乙卯年と云、此年改元元和元年」と書かれているので、慶長20年（1615）の信憑性は高いと考えられる。

市江車に贈られた金襴唐織の小袖六点は屋形の屋根の上に逆さ小袖幕として、能人形の衣装である側次《そばつぎ》はその上の大屋台・小屋台に載せられる能人形の衣装として美しく飾られたことだろう。衣装に多くの金箔が使われているので、朝日を受けた時に、金色に光り輝き、神々しい美しい演出をしたことだろう。楽の胴掛とは大太鼓をのせる台のことである。大太鼓は屋形の右前方のよく目立つところに台に載せられて据え置かれている。その音の響きは、奏楽の楽器の中でも一番遠くまで太く届き、中心的存在である。その大太鼓の台も、見る人に視覚的効果として大きくアピールできたであろう。小袖・側次・楽の胴掛けは、祭船の最も目立つ位置に置かれることを計算して寄付されたと考えられる。

以上のことから、家康が市江車へ祭道具を寄付した理由は、津島のみならず、祭の見物に来た尾張各地や名古屋の人々に、徳川政権の強大さや豊臣から徳川への政権の転換の変化を、視覚的にハッキリわかりやすく訴えることであったと推測される。

それは家康が名古屋城を建てたことにも共通する。名古屋城は西日本の豊臣恩顧の大名の攻撃に備えた防御施設でもある。しかし、白亜に輝く巨大な城は、徳川の財政の豊かさを示し、戦う前に相手に戦意喪失させる意味があるという。

同じようなことが津島天王祭でも行われていたと推測する。

（1）テレビ放送　NHK　BS1「英雄たちの選択」2015・6・18

二　市江車と三つ葉葵の紋

市江車の正面には尾張徳川家の家紋によく似た三つ葉葵紋が掲げられている。また市江車に付き従って進む舞子船のうち、荷之上の服部家の関係者が乗る船にも三つ葉葵紋が掲げられている。江戸時代、徳川家康が江戸に幕府を開くと、徳川家の権威が上がった。徳川家の家紋である三つ葉葵紋は特別な紋となり、徳川家以外での使用は制限されていった。

荷之上の服部家出身の「くの」は、尾張藩八代藩主徳川宗勝の乳母（養育係）であった。宗勝は尾張徳川家の分家であり川田久保松平家（一万石）に生まれ、父の死後、跡を継いだ。その後、尾張藩の分家である高須松平家（三万石）を継いだ。元文4年（1739）尾張藩七代藩主徳川宗春が謹慎を命じられ失脚すると、その後を継いだのが宗勝である。

宗勝の父は友著である。友著の父は尾張藩主二代光友であり、母は鈴木家出身の側室梅香院であった。そのため、宗勝は幼少期を祖母梅香院の実家ですごした。その鈴木家に嫁いでいたのが荷之上の服部家出身の「くの」であった。宗勝が十歳で川田久保松平家に戻るまで鈴木家に滞在し、くのに育てられたと伝わっている。また、くのの実家である服部家にも滞在していたと言い伝えがある。

宗春の失脚により、宗勝は思いがけず六十一万石九千五百石の大大名の尾張藩を継ぐことになった。宗勝は手厚く養育してくれたくのの功績や恩に報いるために荷之上の服部家に尾張藩の三つ葉葵紋を使用することを許可したのだろうと推測する。しかし、くのの功績だけではなく、その根底には次のような認識もあったのかと考えられる。津島天王祭は尾張藩の準藩祭というべき大祭である。尾張藩にとっては重要な祭である。その中で市江車には、東照大権現という神に祀られた神君徳川家康から拝領した小袖がある。そのため、三つ葉葵紋を下賜する価値のある祭船だという認識が尾張徳川家にもあったのだと考えられる。

ただし、服部家に贈られた三つ葉葵紋は尾張徳川家の紋と少し違う。尾張徳川家の紋は丸に三つ葉葵紋であるが、服部家が使っているのは、丸の部分に切れ込みが五か所あり、二重になっている。津島神社の木瓜紋の外側によく似ている。

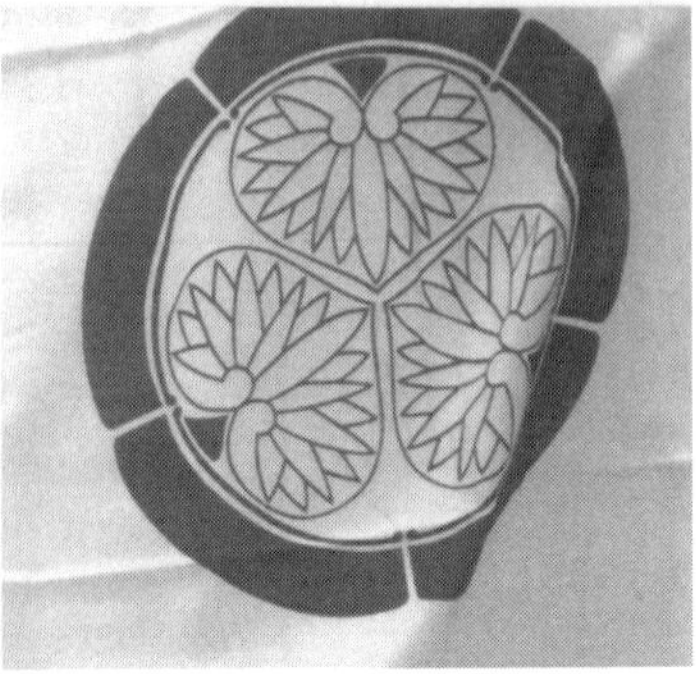
荷之上服部家の三つ葉葵紋

さすがに尾張徳川家と全く同じ紋ははばかられ、一部が変えられたものが服部家に下賜されたのであろう。ただし、内側の三つ葉は「葉芯が六十三本（葉芯二十一本が葉三枚分）で、茎の部分が太い」という尾張徳川家の特徴を備えており、全く同じである。

江戸時代には徳川家は武家の筆頭として最高の地位にあった。尾張徳川家は、御三家筆頭であり、徳川将軍家に次ぐ第二位の地位にあった。

この三つ葉葵紋の付いた船に乗っている人は尾張徳川家の関係

者であることを示している。この紋を掲げることにより「市江車は津島より格上である」という考えの証明となり、その考えは当時の人々により一層浸透していったと考えられる。

現在も、服部家の関係者が乗る舞子船には、白地に朱色に鮮やかに染められた三つ葉葵紋の纏が掲げられており、古の縁《よすが》をそのままに遺している。

三　能人形

江戸時代になると、徳川幕府は式楽を能に定めた。式楽とは、儀式のときに用いられる芸能のことであり、最高の芸能とされた。

幕府が定めた芸能であるため、急速に能の文化が浸透した。尾張藩では、歴代の藩主が能を好み、能楽師を士分としてとりたてたため、庶民にまで能の文化が広がった。

ちなみに、江戸時代、津島天王祭の時、市江で能人形を作っていたのは、熱田の社人の若山秀太夫である、と伝えられている。若山秀太夫は名古屋御能役者の家の出身で、社人の家に養子に出されたらしい。そのため、秀太夫は能にも神事にも詳しい人物だったと考えられる。秀太夫は、市江の西保と荷之上に謡を教えに来ていた人物でもある。これは、おそらく由緒連中の佐藤家と服部家に来ていたと考えられる。秀太夫が死んだ後も、市江村以外の人が、長年何人かにわたり、人形作りと笛を吹きに来ていた。秀太夫の他にも熱田社人が来ていたことが『寛文村々覚書』（『佐屋町史』資料編二所収）に「役者之内笛吹并人形作リハ古来より熱田之祢宜頼来候」とある。

さて、津島の車屋の祖先は地域の有力者であり、市江の車屋の祖先は浪人であり、戦国時代には武士と同等の階級であった。そのため、江戸時代には町人や百姓の身分であったが、別格の家柄とされた。例えば、津島の車屋の大橋家は織田弾正忠（信長）家と婚姻関係にあった。そのため、各車屋は苗字帯刀を許されていた。庄屋でも苗字帯刀を許されている家は少なく、大変名誉なことであった。

そのことを証明するように、津島天王祭の車屋の装束は裃である。裃は武士の礼服であり、帯刀を許された。

慶長4年（1599）尾張藩主であり清須城主であった福島正則から、祭の費用に充てるよう、津島五か村に米五十石の寄進があった。その後、江戸時代になると、尾張徳川藩から市江に五十三石の車田の寄進があった。車田とは、市江車などの祭車の費用に充てるための田という意味がある。その田地からの年貢収入の全てを祭車だけでなく、祭全般の費用に充てることができた。津島五か村にも、一五二石の車田の寄進があり、尾張藩に代々保護を受けて来た。そのため、準藩祭というべき性格もあった。また藩主やその親族も祭を見物に来た。そのため、それにふさわしい祭にしなければならなかったのである。

そのため、車楽船の飾りは武士階級にふさわしいものにすべき必然性があった。それは式楽の「能」である。そのため、人形に能の衣装を着せて、「式楽」にふさわしい祭の体裁を整える必要があった、と考察する。

能とは、観阿弥の頃までは猿楽と呼ばれ、翁猿楽のような神の祝福芸や『自然居士』のような簡単なストーリーを持つ劇に過ぎなかった。

しかし、将軍足利義満が観阿弥の率いる今熊野猿楽を見物したとき、観阿弥の息子の世阿弥を気に入り、寵愛するようになった。それ以降、能は将軍家の保護を受け、権力者の嗜好に合うように、文学性の高いものと変化していった。

支配階級の古典嗜好・文学趣味という志向を受け、文学作品を下地にして能の作品が作られるようになった。そのため、能の作品を鑑賞するには、その下地となった文学のストーリーや登場人物・和歌などの深い文学知識が必要だったのである。

たとえば、以下の作品から能の題材などを採用している。

①『古事記』『日本書紀』『風土記』など
　呉羽《くれは》（『日本書紀』）
　玉井《たまのい》（『古事記』『日本書紀』）

②『伊勢物語』
　杜若《かきつばた》・井筒など

③『源氏物語』
　葵上・浮舟など

④『平家物語』

敦盛・実盛・八島など

⑤『太平記』

弱法師《よろぼし》など

⑥『義経記《ぎけいき》』

橋弁慶・熊坂・烏帽子折《えぼしおり》など

⑦『曾我物語』

元服曾我など

⑧『山家集』

西行桜

⑨『今昔物語集』『是害房絵詞』『玉造小町子壮哀書』などの説話集

是界・関寺小町など

⑩題材はとっていないが和歌を謡曲の詞章に採り入れている『万葉集』『古今和歌集』『和漢朗詠集』の歌集

⑪中国の詩文や故事

西王母・昭君・項羽など

などである。

以上のことから、日本の古典はもちろん、中国の詩文や故事にも精通していないと、能を理解し楽しむことはできないのである。つまり、能とは知性と教養も必要な芸術なのである。

この「能を理解できる」ということがステータスであり、身分の高さの象徴でもあった。他の祭の人形飾りが遊興的であるのに、津島天王祭が能人形にこだわって来たのは、津島人の誇りの高さがそうさせたのかもしれない。

（1）若山秀太夫については「市江人形作熱田社人初穂廻由来聞書」『佐屋町史　資料編二』一六八頁を参考にした。

（2）「大祭筏場車記録」『津島市史　資料編㊂』二五八頁

四　市江の「置物」考

能の演目などの衣装を着せて車楽の上部に飾る二体の人形を「置物」という。

津島天王祭の車楽の置物の記録は、津島五か村のうちの筏場車の「筏場大祭記録」が最も古い。これは大永2年（1522）から記録が残っている。

「筏場大祭記録」を見ると、1500年代は必ずしも能の演目から採ったとは限らない。たとえば

永禄5年（1562）の「玉連鶴」

天正8年（1580）の「かんとう将軍と鬼在」

天正12年（1584）の「女桶ニ（に）月を入持申候」などである。

これらの演目は能を知らない人にも驚かせたり楽しませたりする演出がなされているものと考えられる。それは当時流行した風流《ふりゅう》の出し物と考えてよいだろう。

さて、応永元年（1394）からの市江車の置物の記録「海西郡市江島天王祭礼記」が荷之上の服部家に伝えられているといわれているが、そのことについては既に鬼頭秀明氏が「熱田社人と市江車[1]」の中で詳しく解説されているのでそのまま抜粋する。

熱田の社人がいつから市江車に関係するようになったかは定かではないが、天保頃に書写されたと思われる『海西郡市江島天王祭礼記』に、

（頭注、朱書）應永元年戊年ニシテ非寅

一、應永元年寅年　笛役　権大夫

置物　高砂　ユ役　秀大夫

手伝　壱人

と、既に応永元年（1394）には若山秀太夫の名前が見えているが、事実かどうかは定かではない。安永頃（一七七二）で終わっている『市江御車代々留帳[2]』などにも、前と同じように応永頃からの年号が記されてあるが、どうした訳か両者とも十二支が違っている。

祭の行われたその年に記録が記されれば、その年と干支がくい違うことは有りえない。後世の人がその時代よりも古い記録を作ろうとする時、干支を遡るときに計算間違いをして干支を書き違えるということはありうる。

服部家の祖先がこの記録を手に入れた後にこの矛盾に気づき、後世子孫に注意を促すために、朱書で「應永元年戌年ニシテ非寅」と書き入れたと考えられる。

また、「海西郡市江島天王祭礼記」の内容についても多くの矛盾がある。たとえば應（応）永二年（１３９５）には「玉井」の能人形が出されたと記されている。「玉井」は観世信光の作だと伝えられている。信光は世阿弥の弟の孫である。生年は永享7年（１４３５）または宝徳2年（１４５０）の二説がある。もちろん應永2年にはまだ生まれていない。

また永享12年（１４４０）には「羅生門」が出されたとあるが、これも信光の作なので矛盾が生じる。安徳元年（１４４９）には金春禅鳳《こんぱるぜんぽう》作の「東方朔」が出されたとある。しかし、全鳳は享徳3年（１４５４）生まれなので、ここにも矛盾が生じる。

これらの矛盾から、次の仮説を立ててみた。

「これらの番組の古記録は後世の人が偽造したものである」。

その証明をするために、以下の証拠を上げてみた。

鬼頭秀明氏が指摘する「熱田神宮に残る『市江御車代々留帳』と服部家に伝わる『海西郡御車祭礼記』が共に応永頃からの年号が記されてあるが、どうした訳か両者とも十二支が違っている」ことに、その謎を解くヒントが隠されている。

まず、応永年間からの記録であることについて考えてみる。

能は世阿弥が『風姿花伝』を著し、集大成をした。『風姿花伝』は、能の理論書である。亡き父観阿弥の教えを基に、能の修行法・心得・演技論・歴史などを世阿弥が解釈を加えた著述となっている。成立は十五世紀の初め頃とされる。全七編から成り、最初の三編が応永7年（1400）に、残りがその後二十年くらいかけて書かれた。

『風姿花伝』が応永年間（1394年〜1427年）に成立したことと、この頃に能が集大成されたことを知っている、能に詳しい人物が偽造を企てた、と考えられる。その人物は、『風姿花伝』の知識から、市江の記録の始まりを応永元年（1394）からとした、と考えられる。

また、熱田神宮と市江の二か所に記録が残っていることが大きなヒントになる。

江戸時代に著された『寛文村々覚書』の海西郡の車田の項[3]に次のようにある。


（前略）台尻壱輛ニて津島先車ニ前々より渡し申候、役者之内笛吹并人形作り、花作りは古来より熱田禰宜頼来候。礼米毎年遣ス。（後略）

また、「市江人形作熱田社人初穂廻由来聞書[4]」には

市江車の人形作りハ、往古ゟ熱田社人若山秀太夫と云もの来りしか（中略）
一秀太夫先祖名古屋御能役者より養子ニ来しよし。其頃西保ニ上辺謡、教に来りし縁を以、近在

檀家に成し由、享保頃由。（後略）

これらの記録から、江戸時代の初めの寛文年間には既に熱田社（熱田神宮）の社人（神職）が市江に人形作りや花作りを指導し、祭の時には笛を吹きに来ていたことがわかる。

熱田神宮と市江の二か所に置物（能人形）の番組の記録が残せる人物といえば、熱田社の社人がまず考えられる。

「市江人形作熱田社人初穂廻由来聞書」によれば、「西保二上（荷之上）辺りに謡を教えに来ていた」記録もあり、祭の時以外にも、普段から市江に行き来していたことがわかる。

能の知識があり、熱田社と市江を往復し、またその記録が残せた人物、それが前述の応永年間からの記録を作った人物と考えられよう。

市江の車が先車を務めるのは祭の起源が津島の五か村より古いため、という伝承がある。それを確かめるために、津島の「筏場大祭記録」より古い記録があるか熱田の社人に尋ねたところ、社人がそれにふさわしい応永元年からの記録を作り、服部家に納めた可能性も考えられる。同じ人物が作成したので、服部家の記録と熱田神宮に残る記録の両方に干支が異なるという矛盾が生じたのかもしれない。

しかし、その矛盾に気づいた服部家の祖先が、後世その記録を見るであろう子孫に注意喚起をするために、朱書きをしたものと考えられる。

以上の考察から、この記録は再検討を要すると考えられる。

（1）『あつた』一三六号　一九八五年　六頁〜七頁
（2）熱田神宮蔵
（3）『佐屋町史　資料編二』　六九頁
（4）『佐屋町史　資料編二』　一六八頁

五　鉾持の変遷

市江車からは十本の布鉾が津島神社に奉納される。その鉾を市江車から神社まで運ぶことが十人の若者に託されている。その若者のことを鉾持《ほこもち》という。市江車の鉾持が鉾を背負い、天王川公園の丸池を泳ぐ姿は、現在の津島天王祭のハイライトになっている。しかし「江戸時代には鉾持は泳いでいなかった」のである。

また、一番鉾と二番鉾と呼ばれる先頭の二人は鉾を神社に奉納せず、社務所に入る。三番鉾以下の八人が神社に奉納しに行く。これはどうしてだろうか。

また、江戸時代には、鉾持は泳いでいなかったというが、どうして泳ぐことになったのだろうか。

まず、その経緯を考えてみよう。

江戸時代、津島天王祭において津島神社で市江車の統括をしていたのは河村牛之太夫家であった。

この家は河村九郎太夫家ともいう。

河村家はある時期から鉾持に鉾の奉納の速さを競わせた。一番と二番には賞金を出したという。高力猿猴庵（種信）が江戸時代後期に著した『尾張年中行事絵抄』には次のようにある。

津嶋朝祭《つしまあさまつり》　市腋《いちへ》の矛持《ほこもち》

市腋《いちへ》の矛持《ほこもち》は、波渡《はとば》へ上《あが》りて天王《てんわう》に参《まい》り、それより神主家《かんぬしけ》に至《いた》るに、門内《もんない》へ一番《いちばん》に入《いり》し者《もの》へは、鳥目一貫文《てうもくいっかんもん》を出《いだ》す、古例《これい》なり。されば、我一《われいち》と走行《はしりゆく》さま、飛鳥《ひてう》の如《ごと》し。

鳥目《ちょうもく》とは穴の開いた銭のことである。江戸時代の銭は真ん中に穴が開いていて鳥の目のように見えたことから銭のことを鳥目と呼んだ。１７００年頃には金一両は銭四貫文であり、一貫文は現在の価値でおおよそ二万五千円くらい、１８４２年はインフレで一貫文が一万五三八四円くらいであった。

その当時の様子が荷之上の服部家に伝わる天保14年（１８４３）に集大成した「津島天王六月御祭礼市江御車古格式　全」[1]にあるので、そのまま抜粋する。

（前略）波渡場近キ頃鉾持十人髪を捌キ、裸ニて垢離《コリ》をかき我先とて走て捧なり。先キニ立弐人ハ御師河村牛之大夫江入ル。残八人ハ御宮江捧ケ而河村へ帰、外壱人袴羽織ニて洗米一升箱ニ入持行、都合十一人之者裸之儘ニ而、鉾部屋江通り、河村氏ゟ料理出ル、（後略）

津島祭絵巻（名古屋市博物本　部分）鉾持は泳いでおらず、天王川を歩いて渡っている
出典：『企画展　尾張の天王信仰』

河村家から下される褒美を目当てに、まだ岸に着く前から鉾持十人が船から飛び降り、我先にと走って鉾の奉納をしようとしたというのである。一番と二番は褒美をもらうために神職の河村家の屋敷に入り、三番以下の八人は従来どおり津島神社に鉾を奉納した。その後献供持と呼ばれる若者と合わせて十一人の者が河村家の鉾部屋と呼ばれる部屋で河村家から出された料理を食べたとある。この文書にも「走て」とはあるが「泳て（泳ぎて）」と書かれていない。

それでは、その理由を考えてみよう。天正13年（１５８６）11月に伊勢湾内と飛騨地方の二か所を震源とする巨大地震、天正の大地震が起きた。この地震は複数の断層がほぼ同時に動いたため甚大な被害が出た。長島城が倒壊したため、城主織田信雄は城を長島から清須に移すほどの大地震であった。その余震は翌14年（1587）まで続いた。

天正14年（1587）には大洪水が起こり、氾濫により木曽川の流路が変わってしまった。この流路の移動は前年の天正大地震により、濃尾平野の西部が沈降した影響によるものと考えられる。

そのため木曽川の支川の天王川も影響を受け、それ以降祭の会場である天王川に流入する水が少なくなってしまった。天王祭を開催するのにも支障が出るため、毎年のように川ざらえを行っている(2)。そのような状況のため、船底がかろうじて川底につかない程度のぎりぎりの状態で祭船は進んだと考えられる。そうであれば、現在よりも水深はかなり浅かったと考えられる。仮に飛び込んだとしても足がついたであろう。布鉾を持っていたため、泳ぐよりも鉾を水から出して走った方が早かったと考えられる。

現在の鉾持は順番が決められ、その順通りに飛び込み、泳ぎ、走って津島神社に向かう。

一番と二番の鉾持は鉾を持ったまま社務所に走り入り、三番鉾が神社の太鼓橋に張られた注連縄を手刀で切り、以下十番までは神社の拝殿まで鉾を奉納しに行く。

現在、社務所になっている所は江戸時代には神職の河村家の屋敷が建っていた所である。そのため、江戸時代からの伝統を受け継ぎ、社務所に入るのだと考えられる。

ところで、現在の鉾持の走るコースは、天王川公園の丸池の北端にある御旅所で神輿に乗った津島神社の大神様に一礼し、その後橋詰町の二丁目と三丁目の間の道（ここはかつては天王川があったところである）を通って北に向かって走り、天王通りに出ると通りを西進し神社に至っている。

しかし、江戸時代の神社へのコースはこの道ではなかった。

後述するが、まだ神輿渡御は無く、御旅所も無かった。また天王通りは昭和の初期にできたので、まだなかった。現在御旅所のある場所には天王川にかかる大きな橋があった。天王祭の時には、尾張藩から遣わされた弓組・鉄砲組の人々が警護をした。

天明5年（1785）には、天王川が廃川になった。神事を行うため、川の一部は丸池として残された。橋はやがて無くなったが、その跡地の堤の上で警護は続けられたという。(3) そのため現在御旅所がある場所は通ることができず、天王川右岸つまり川の西側に船を着け、そこから鉾持も上陸したと考えられる。着岸後は社家の立ち並ぶ道（現在の祢宜町）を北進し、神社の東鳥居の前に出るコースを走ったと考えられる。

さて、天王川に御旅所ができたのは明治12年（1879）のことである。(4) 明治維新を迎え、尾張藩も無くなった。弓組・鉄砲組の警護の人も来なくなった。それで、橋跡の祭見物には最高の地に大神様の渡御が考え出されたのであろう。それまでは、天王祭における神輿渡御に記録は無い。

ただし、五月五日には津嶌天王神幸として神輿渡御の様子が絵と解説文で『尾張年中行事絵抄　中』に著されている。神社の東鳥居の東に木造の御旅所が建っており、そこに向かって神輿が行列を進めている。御旅所に神輿は据え置かれ、その前で流鏑馬などが催されたらしい。(5)『津島町史』に掲載されている延享5年（1748）に作成され、昭和8年（1933）に写された地図には建物の絵があり、「御輿ヤドリ」と書かれている。それは津島神社東側にある。天王川右岸、つまり川の西側にあり、現在の馬場町のあたりで、ここに神輿が据えられた御旅所であると考えられる。馬場町という地名からも、乗馬や流鏑馬を見るための御旅所だと考えられる。この「御輿ヤドリ」は五月五日の神輿渡御

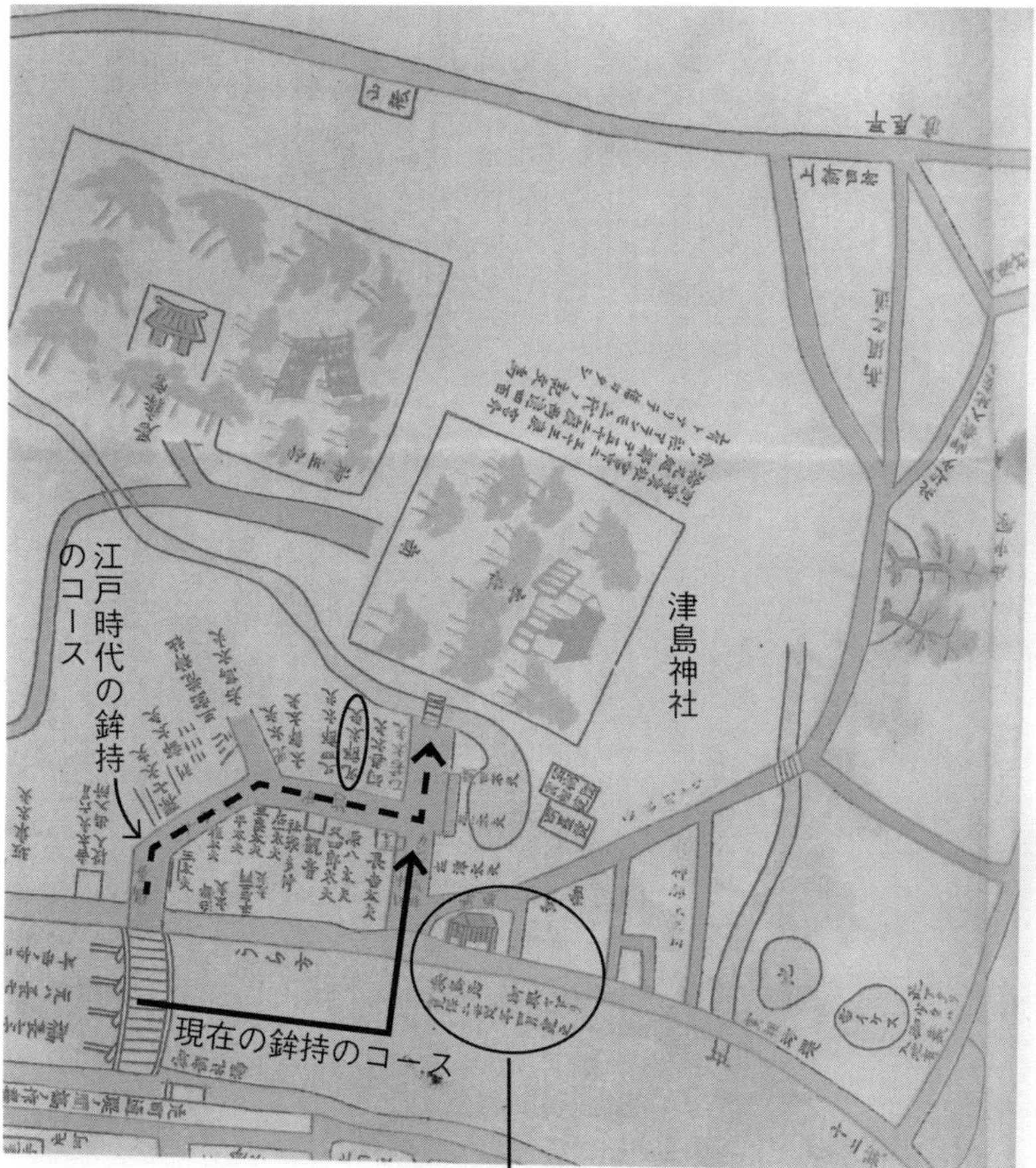

鉾持ちの津島神社へのコース

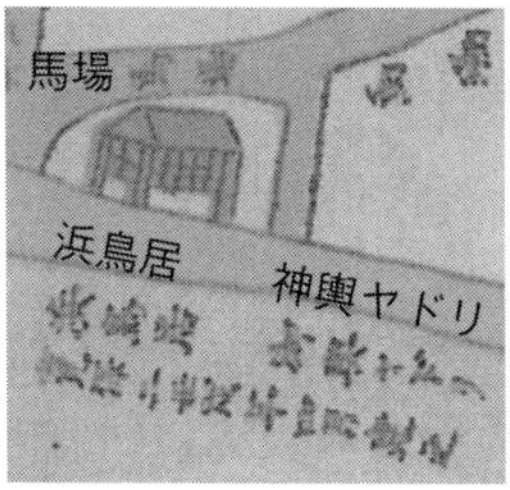

の場所だと考えられる。

しかし、同書には天王祭の時、神輿が御旅所に出たという記録は全く書かれていないため、神輿渡御は行われていなかったと考えてよいだろう。天王祭の時の神輿渡御は明治12年以降のことであると推測できる。

さて、この神輿渡御が始まったことにより、新たな所作が生まれたと考えられる。三番鉾により神社の太鼓橋の東西に立てられた斎竹に張られた注連縄を切る注連縄切りである。

神輿渡御により、津島神社の大神様は神社を留守にすることになる。そのため、邪悪なものが神社に侵入しないように神社の出入り口である太鼓橋に注連縄で結界を張る必要が生じた。

鉾持が神社に入ろうとするとその注連縄が妨げになった。鉾の奉納のためには太鼓橋を渡らねばならず、注連縄を切らねばならなかった。そのため、指の先で縄を切る所作が始まったと考えられる。この注連縄切りは古くても明治時代に始まった比較的新しい所作である。

ちなみに京都の祇園祭では結界を開くために長刀稚児が斎竹に張られた注連縄を太刀で切る「注連縄《しめなわ》切《きり》」が有名である。しかし、この所作は昭和31年（１９５６）年に始まった。[6] 祇園祭を見に来た観光客を喜ばせるために始まったパフォーマンスで、それ以前は長刀鉾の役員が切っていた。[7] 稚児が神様の使いだから注連縄切りができるのではない。これはまったくのこじつけである。

現在の山鉾巡行は四条通を東進し、河原町通に出ると北進し、御池通を西進する。大きな通りを選んで通る。しかし、昭和30年までは、前祭は四条通を東進し、寺町通に出ると南進し、松原通を西進した。後祭は三条通を東進し、寺町通を南進し、四条通を西進した。つまり、昭和30年までは山鉾の所有者である町衆が実際に住んでいる町を巡るコースになっていた。観光化や交通規制などにより、コースも変えられてしまったのである。

祭とは連綿と同じことが繰り返されるのではなく、年月とともに変化していっているのである。

さて、津島天王祭も、前述のように江戸時代の鉾持は現在と大きく異なっていた。

鉾持の役割は注連縄を切ることにより津島神社の大神様の還御の道を開くことであるという考えもある。しかし、神輿渡御が明治12年に始まったので神輿渡御の歴史は浅い。また市江の鉾で還御の道を清めるという考えもあるが、古くは神輿渡御がなく、大神様は神社から動かなかったことを考えるとこの説も間違っている。

市江の鉾持は神輿渡御が始まる以前からずっと鉾の奉納をしている。江戸時代中期以前に作成されたと考えられる津島天王祭を描いたいくつかの屏風絵にも、鉾持の姿は市江車の船上に描かれている。つまり、鉾の奉納の方が先で、神輿渡御は後年加えられた行事なのである。鉾持の役割はそれ以前からあったはずである。

「鉾について」の項で述べたように、私は鉾とは疫病や災厄・疫神を依り付ける装置、つまり依代だと考える。市江で流行る疫病、また疫病を発生させる疫神を布鉾に依り付け、津島神社の大神様に奉納する。大神様の強大な力で退治していただこうという考えに基づくものと考える。自分たちの力ではどうにもならない疫病や疫神を大神様にお願いし退治してもらおうというのである。

天王祭の朝祭で鉾が奉納された日の深夜、神社の神職により神葭神事が行われる。疫神は市江の鉾から神社本殿の神葭に移る。そして天王川へと流される。その後、神葭は川から海へと流され、疫神は消滅する。それが天王祭の目的である。

鉾の奉納と神葭神事という一連の神事は「鉾に疫神を依りつかせ、市江から疫病を消滅させるため」である。津島神社に奉納することにより、市江から疫神を送り出し、疫病の流行を止め、疫病の無い元の清浄な地域に戻すための神事だと考える。

（1）『佐屋町史　資料編二』一七八頁
（2）『津島市史　資料編㈢』
（3）『尾張年中行事絵抄　中』
（4）『佐屋町史　資料編二』二四四頁
（5）『津島町史』付録
（6）『写真でたどる祇園祭山鉾行事の近代』二六頁
（7）『写真でたどる祇園祭山鉾行事の近代』五三頁

六　児の神前奏楽とは

現在、児（稚児）は神前で奏楽しない。しかし、津島神社拝殿での奏楽奉納のことを「児の神前奏楽」という。どうしてそう呼ぶのだろうか。

その答えは、江戸時代の記録に残っている。「文政二年卯八月市江車所道具書上帳[1]」である。これは文政2年（1819）に書かれた、市江車の所道具を祭蔵と呼ばれる自宅の蔵に保管していた東保の車屋宇佐美家の記録である。

華児用風折烏帽子　三ツ
但し花児装束ハ自分拵ニ仕候
（中略）
児之直垂　四ツ

とあり、「児」は楽打ち（楽太鼓を演奏する子ども）や下拍子（締太鼓を演奏する子ども）という神前での奉納演奏をする「子ども」を指す。現在の児（稚児）にあたる言葉としては「華児」や「花児」が使われている。市江の児は頭に牡丹の花をつけているので、華（花）児と呼んだのだと考えられる。

以上のことから、児とは本来は児童・子どもという意味で使われたことがわかる。つまり、楽打ち・

下拍子もすべて児と呼ばれていた。

他にも、江戸時代後期の尾張藩士の高力猿猴庵（種信）が著した『尾張年中行事絵抄　中』にも津島天王祭についての記述がある。

津島朝祭《つしまあさまつり》　車楽之児天王参詣《だんじりのちごてんわうさんけい》
五邑《ごいう》の児《ちご》、各《おの〳〵》天王《てんわう》に詣《まう》で、楽《がく》をなす。其道《そのみち》すがら行列《ぎやうれつ》、厳重《げんぢう》にして古風《こふう》なり。花烏帽子《はなゑぼし》着《き》たる児《ちご》は、幼童《ゑうどう》なれば、乳母《うば》とおぼしき女《おんな》の、菓子等入《くわしなどいれ》たるうつくしき袋《ふくろ》を下《さげ》て（後略）

（現代語訳）
津島祭朝祭　車楽の子どもの天王社への参詣
津島五か村の子どもは、それぞれ（村ごとに）天王社に参詣して、音楽を奉納する。その道中の行列は厳かで古風な様子である。花をつけた烏帽子をかぶっている子どもは幼児であるので、乳母と思われる女が菓子などを入れた美しい袋を提げて（後略）（現代語訳は筆者）

この記述も「児《ちご》」は楽を奏する「子ども」であり、現在の児（稚児）にあたる言葉については「花烏帽子着たる児（花烏帽子をかぶっている子ども）」と記述を変え、区別している。市江だけではなく、名古屋城下においても祭の「児」とは祭に参加している「子ども」という意味で使われていることがわかる。

つまり、江戸時代、尾張藩内において「児」といえば、一般的な「子ども」を指していたと考えられる。

愛知県海部郡蟹江町の須成祭は津島天王祭を模して始められた祭である。須成祭では、現在も稚児二人・なす二人（大鼓を演奏する幼児）・太鼓一人・楽一人のあわせて六人の役者の子ども全員を「ちご」と呼ぶ。(2) 太鼓・楽は小学生が務める。

以上のことから、津島天王祭の「児の神前奏楽」とは「子どもによる神前奏楽」という意味で使われていたと考えられる。幼い稚児による演奏ではなく、楽打ちや下拍子の子どもによる神前での奉納演奏が本来の意味であり、現在もその言葉が使われ続けているのだと考察する。

（1）『無形の民俗資料記録　津島祭』八七頁

（2）『須成祭総合調査報告書』一六二頁

七　逆さ小袖幕

津島天王祭の市江車には、多くの小袖が上下逆《さか》さに掛けられている。これを「逆さ小袖幕」と呼んでいる。

小袖とは、小さい袖の衣服のことである。元は礼服の大袖の下に着る袖の小さい下着のことであったが、鎌倉・室町時代頃から表着となった。現在の和服の原型になった衣服のことである。桃山・江戸時代には最も華やかな衣服とされた。

小袖幕とは、花見の時、小袖を脱いで、張り渡した綱に掛け、幕の代用としたもののことである。その小袖を上下逆さまにした状態で幕のように飾るため、逆さ小袖幕と呼ばれるようになったと考えられる。車（船）の屋形の上部に張られた軒幕と呼ばれる幕の上に小袖の襟の部分が下になるように上下を逆さまにし、後ろ身頃が正面になるように飾られている。これは、遠くから見た時に最も見栄えがする飾り方が採られているのだと考えられる。

津島五車も過去には多くのさかさ小袖幕を飾っていた。屛風絵や絵巻物など多くの絵画資料にその様子が描かれている。しかし、現在はほんの少しの小袖しか見ることができない。

津島五車は江戸時代の延享4年（１７４７）市街地の大半を焼失した大火により、祭の道具類の多くを失った。その時に小袖も多く失われたことが推察される。

令和元年（２０１９）の天王祭では、今（市場）車や堤下車で、梅花や松の枝の根元などにわずかに飾られていた。昭和43年（１９６８）発行の『無形の民俗資料記録　津島祭』の七八頁には、軒幕の上に複数の小袖が逆さに掛けて飾られている下車の図が掲載されている。しかし、令和元年には下車では飾られているのかわからなかった。時代とともに、小袖が劣化消耗し、飾ることのできる小袖の数が減少していったのだろう。

津島五車は軒幕を豪華にすることにより、小袖幕を必要としなくなった。言い換えると、小袖の減少を軒幕を豪華にすることで補っているのかもしれない。

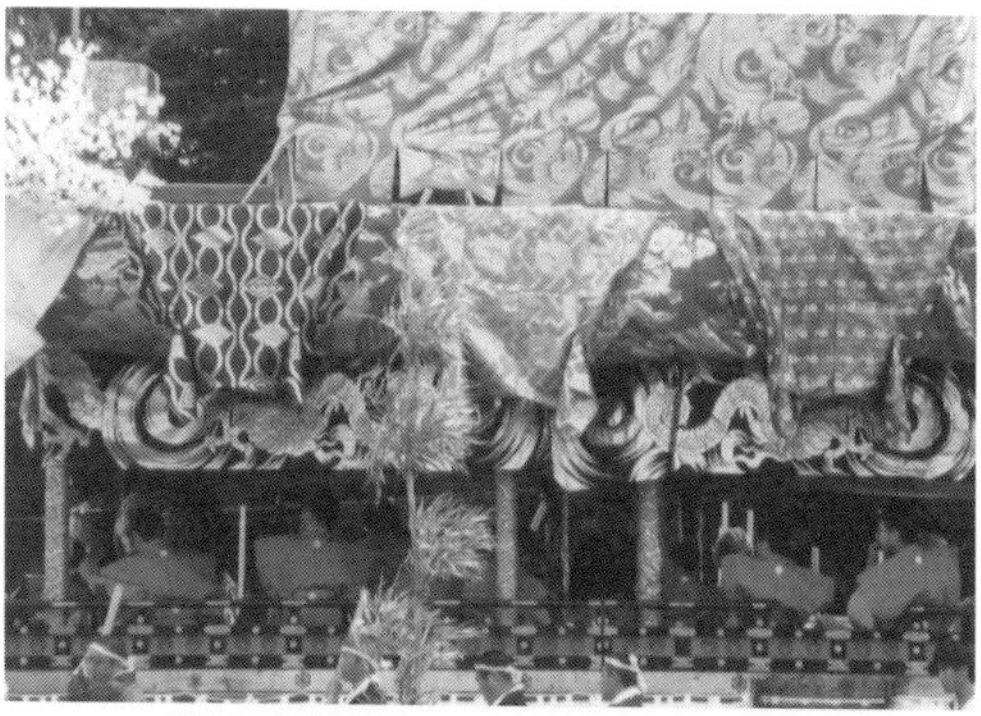

逆さ小袖幕　市江車（2019年）

逆さ小袖幕　今市場車　前部（2019年）

逆さ小袖幕　堤下車　前部（2019年）

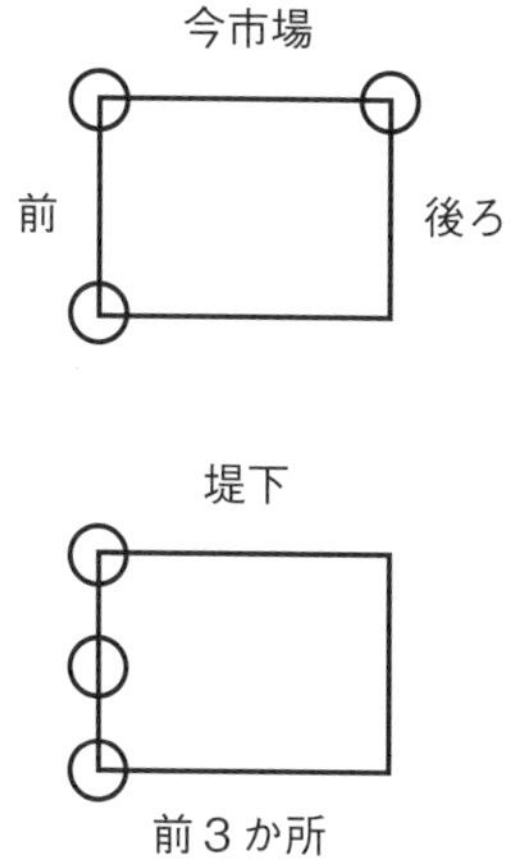

令和元年（2019）の津島の車の小袖の位置

八　羯鼓の桴考

津島天王祭で、児が肩の上に担ぐ羯鼓の桴のことを、津島の一部の人は「ヤツバチ」・「コウハシ」と呼ぶそうである。ただし全員がこの名称を使うわけではなく、ただ単に「バチ」と呼ぶ人もいる。市江では、ヤツバチ・コウハシは共に使わない。

京都の祇園祭でも羯鼓稚児舞が行われるが、羯鼓の桴をヤツバチ・コウハシとは呼ばない。これは、津島で生まれ、津島だけで使われているようになった、いわゆる「方言」のようなものであろう。

「ばち」には撥と桴の漢字がある。一般的に、三味線のようにはじくばちには「撥」の漢字が、太鼓のようにたたくばちには「桴」の漢字が充てられる。そのため、この項の文中では「桴」の漢字を基本的に使用する。

現在、津島天王祭では、児が羯鼓を打つことはない。市江の児は胸に羯鼓を付け、祇園祭の羯鼓稚児と同じ形態である。津島五車の児の羯鼓は、花持ちと呼ばれる児の従者が持つ造花の牡丹の下に吊るされている。

羯鼓の桴は津島五車と市江共に独特の形態に変化している。桴は長く伸び、もはや羯鼓を打てる長さではなくなっている。二本の撥を交差させ、交点をひもで結び、その結び目が首の後ろに来るように担いでいる。

江戸時代の前期から中期にかけて制作されたと推定される複数の津島祭礼図屛風では、市江のみならず、津島五車の車楽船に胸に鞨鼓を付けた児の姿が描かれている。[1] 西本願寺蔵・ギメ美術館蔵・大橋家蔵の津島祭礼図屏風には、児が二人向かい合って、胸に付けた鞨鼓を打ちながら舞う姿が描かれている。

つまり、江戸時代の十七世紀から十八世紀には、津島天王祭でも京都の祇園祭と同じように鞨鼓稚児舞が行われていたと推察される。

津島五車の児（2019年朝祭　津島神社にて）

その後、何らかの理由で稚児舞が行われなくなり、演奏や舞踊で必要がなくなった撥は稚児の肩の上に担がれるようになったと考えられる。肩に担ぐにはある程度の長さが必要であり、そのため桴が長くなったのだと考えられる。

長くなった桴に対して付けられたのが「ヤツバチ」や「コウハシ」の名称であったのであろう。

「ヤツバチ」とは本来「八撥」と書き、鞨鼓を古くは八撥とも呼んだ。また中世以降は鞨鼓（八撥）を胸に付け打ちながら舞う芸能も八撥というようになった。

しかし、津島では、桴が長くなり交差した形が漢数字の「八」に見えることから、その桴のことを「ヤツバチ」と誤った使い方が用いられるようになったと推測される。

「コウハシ」とは、こうのとりの嘴《くちばし》という意味であろうか。

日本語には鳥の嘴が由来となった言葉がいくつかある。(2) たとえば以下のものがある。

つるはし（鶴嘴）堅い土砂などを掘削するのに用いる工具。鉄製で両先端をとがった鶴のくちばしのようにつくり、中央部に柄をつけたもの。つるのはし。

とびくち（鳶口）棒の端にトビのくちばしのような鉄製の鉤《かぎ》をつけたもの。物をひっかけて運んだり壊したりするのに用いる。

かものはし（鴨嘴）カモノハシ科の哺乳類。鴨に似たくちばしを持つ。

嘴（口）以外にも動物の体の一部によく似ているため、その部分の名称を取り入れられて作られたと考えられる言葉が多くある。たとえば「じゃのめ（蛇の目）」「じゃばら（蛇腹）」「たかのつめ（鷹の爪・唐辛子のこと）」「くまで（熊手）」などである。

「コウハシ」は、長くなった羯鼓の桴を見て、こうのとりの嘴を連想して作られたのだろうか。『広辞苑　第五版』のこうのとりの項には「ツルに似た形態で、ツルよりもくちばしが太くて長い。」とある。

「ヤツバチ」・「コウハシ」は、羯鼓の桴が長くなったことにより、津島で生み出され、使われるようになった特殊な言葉であると考えられる。

コウノトリ
出典：『広辞苑　第五版』

(1) 大英博物館蔵津島祭礼図屏風・西本願寺蔵津島祭礼図屏風など多くの屏風に羯鼓を胸に付けた児が描かれている。

（2）つるはし・とびくち・かものはしの解説は『広辞苑　第五版』から抜粋した。

九　締太鼓の一本桴の演奏法

市江車の締太鼓は右手に持った一本の桴で演奏される。これは市江のみならず、津島五車でも今市場車、堤下車、下構車でも同じである。ただし、米之座車と筏場車は右手と左手一本ずつ合計二本の桴で演奏している。

なぜ、市江や今市場などでは、桴一本で演奏しているのだろうか。

市江は、佐屋川が廃川になる前は、佐屋川に面した西保湊から市江車を出していた。佐屋川は明治32年（１８９９）に廃川となり、西保湊も消滅した。

市江では、西保湊から出船していた時は、朝祭の前日、つまり旧六月十四日の午後、星の宮で神前奏楽を奉納した後、市江車が置いてある西保湊まで徒歩で向かった。その時、囃子を奏でながら行ったという。現在でも、星の宮を出発してしばらく囃しながら行く。平成27年（２０１５）の祭では、荷之上の服部家の家紋を付けた関係者二人が、笛と締太鼓で囃していた。

締太鼓の演奏は、左手に太鼓を持ち、右手に桴を持ち、笛の演奏に合わせて打つ。曲は「セメ」であり、締太鼓の人が「ヤオハ」の掛け声を掛けながら列を進めていく。このように歩きながら演奏するために、一本の桴で打つ演奏法になったのではと推測する。

また、市江車では、津島神社拝殿での神前奏楽の後、宮廻り、つまり神社内の摂社末社にも奏楽してまわったという。(1)(2)

「津島天王六月御祭礼市江御車古格式　全」(3)に次のような記載がある。

(前略)拝殿を立、宮廻り楽あり。

右左ハ拝殿北へ下り、燈明之間西へ行、神前東へ行、拝殿南東ノ所ニ而、楽セメ也。又南西之所ニ而、楽ガク也。河村前楽セメ也。暫行而社ノ前ニ而、楽ガク也。

神前奏楽を終え、市江車への帰途一本桴の演奏法で奏でる
(2019.7.28　津島市祢宜町にて)

現在でも、津島神社でも神前奏楽の後、神社から市江車(船)に戻る時、演奏をしながら行列を進めている。(4)令和元年(２０１９)は祢宜町を通って帰った。その時も笛一人、締太鼓一人の二人が囃子を奏でながら、行列を進めていた。ただし「ヤオハ」の掛け声はなかった。

津島五車も、江戸時代には、宮廻りをした。『無形の民俗資料記録　津島祭』には、津島の宮まわりについて記載されている。ただし、この著書においては宮まわりのことを宮めぐりと書かれている。その箇所を抜粋する。

児車屋両人乗方中、太鼓持せ天王参宮前に（村主《すぐり》）勾当《こうとう》太夫御門前にて下り拝、一番囃子、それより天王神拝いたして、児を祭文殿上り、氷室神主と盃あり、それより拝殿にて三度囃子、拝殿下り、それより東の方より三度廻り、是を宮めぐりといふ、児笛一人、太鼓一人、廻る時ヒイドン打（堤車記録）

そのため、「歩きながら演奏する方法で最も適切な締太鼓の一本打ち奏法」が、考えられたのであろう。

ところが、宮廻りは廃止され、神前奏楽と船上の演奏だけになった。それらの演奏の時には締太鼓は台の上に置いて打つ。そのため、左手が自由になり、二本の桴での演奏法に変える津島の車も出てきたのだと考えられる。祭車（船）の最上段にはどの車も能人形を飾っている。そのため、能における締太鼓の演奏法、つまり左右両手の二本で打つ演奏に変わった可能性も考えられる。

現代でも行われている一本桴の演奏法は、過去に宮廻りなど歩きながら演奏されていたことの証拠となろう。ぜひ後世にも残して過去の演奏法を考察する手がかりとしたいものである。

（1）『市江車と津島祭』（四　祭事概況　朝祭の項）
（2）『無形の民俗資料記録　津島祭』　五八頁

（3）『佐屋町史　資料編　二』　一七八頁
（4）『無形の民俗資料記録　津島祭』　五八頁

十　津島天王祭の大山のハヤブサについて

明治4年（1871）まで、津島天王祭の朝祭には大山（「大祭筏場記録」などの記録では山と表記されている）という大型の飾り船が出されていた。明治維新で廃藩置県になり、尾張藩からの祭の援助が無くなると、祭の財政がひっ迫し、大山は廃止せざるを得なかった。現在見られる祭船の車楽（だんじり）と対になり、旧津島五か村から一艘ずつ出され合計五艘あった。大山は三層になっており、高さが九間（16・36メートル）から十三間（23・63メートル）までの記録があり、車楽よりもかなり高いものだった。

大山の上には、「鉄砲打ち」「大蛇」「テナヅチ・アシナヅチ」など数種類のからくり仕掛けの出し物が乗っていた。

津島五車の下構村から出す下車では、「ハヤブサ」と呼ばれたからくり芸が行なわれていた。ハヤブサとは、大山の最上部から伴船の小舟に綱を張り、その綱の上を人形が滑り降りるからくり芸である。隼が獲物を狙って上空から急降下する様子に似ているので、この名前が付けられたと推察できる。

それでは、このハヤブサの起源は何か、何が基となってできたのか考えてみよう。

京都の町の様子を描いた洛中洛外図屏風の一つに蜘蛛舞の絵が描かれている。(1) この洛中洛外図屏風は越前の前田家の所蔵していたものと言われているが、詳しくはわからない。この屏風に描かれた蜘蛛舞の絵が、津島のハヤブサとそっくりなのである。この屏風は元和6年（1620）の徳川和子入内の風景を描いているので、それ以降に描かれたと考えられる。

蜘蛛舞は右隻第五扇に描かれており「かもきゃうけんつくし（賀茂狂言尽）」とひらがなで説明が書かれている。賀茂の糺《ただす》の河原で仮小屋を建て芸能を見せ、入場料をとる興行の様子を描いたものと考えられる。

蜘蛛舞とは、地面から垂直に立てた柱の上部から斜めに地上に張られた綱の上を、人間が頭を下にして、逆さまに滑り降りる見世物芸のことであり、現代のサーカスのようなものである。糸を垂らして頭から降りる蜘蛛の様子に似ているのでこの名前が付けられ、中世末期から江戸時代前期にかけて流行した。蜘蛛舞は絵画資料だけではなく文献資料にも多くの記事があり、一座は京都のみならず日本各地を巡業していたらしい。

津島のハヤブサも、実際にこの蜘蛛舞を見た人が大山のからくり人形の演目に採り入れたと考えられる。

それでは、洛中洛外図の蜘蛛舞と大英博物館蔵の津島祭礼図屏風に描かれたハヤブサを比べてみよう。すると、とてもよく似ていることが分かる。共に赤い毛のかつらのシャグマをかぶり、手には開けた扇子を持ち、裾を膝から下を細くし、下部を脚絆《きゃはん》のように仕立てた、たっつけ袴をはいている。

また滑り降りる姿勢も頭を下にして、両手両足を綱から離して広げていて、全く同じである。この共通性からも、蜘蛛舞がハヤブサの起源だと考えられる。

ところで、この蜘蛛舞を、現在実際に人間が行っているところがある。茨城県龍ケ崎市の八坂神社祇園祭の撞舞《つくまい》である。高さ十四メートルの柱の最上部から綱が地上に斜めに張られ、その綱の上を猛スピードで滑り降りたり、綱の途中の空中で連続逆上がりをしたり、そのスリルと妙技に驚くばかりである。

秋田県男鹿市、岐阜県可児市の「くもまい」は、名前は残しているが、芸能の実態は変わってしまっている。逆に、前述の龍ヶ崎市の撞舞、千葉県野田市の津久舞、多古町のしいかご舞、旭市のエンヤーホーなどは名前が変わってしまっているが、蜘蛛舞本来の芸風をよく残している。この他にも江戸時代には千葉県で六か所、東京都でも一か所で行われていたという記録がある。また『日本国語大辞典　第二版　第四巻』には「蜘蛛舞師」「蜘蛛舞の人形」という言葉も載っている。江戸時代には日本各地で流行った、よく知られた芸能だったことが推測される。

以上のことから、津島のハヤブサの芸能の様子は絵画資料や現代の撞舞などの芸能から推察することができよう。

現在の津島天王祭の朝祭は、車楽船の囃子と児行列の静かな祭である。しかし、江戸時代には、大山のからくりという、生き生きとした活動的な芸能があった。大山のからくり芸能は途絶えてしまったが、観客を驚かせ楽しませ喜ばせようという基本的な考えは、現在の津島の秋祭りの山車のからくりにも形を変えながらも脈々と受け継がれている。

（1）狩野博幸『大江戸カルチャーブックス　新発見・洛中洛外図屛風』六四頁

洛中洛外屏風の蜘蛛舞　出典：『新発見・洛中洛外図屏風』

津島祭の大山の蜘蛛舞のからくり人形
出典：『秘蔵浮世絵大観　一』（大英博物館）

おわりに

以上が市江車を中心とした津島天王祭についての私の考察である。読後に読者の方が自分の考えを自由にまとめたらよいと考えている。そのため、あえてまとめの最終章はつけなかった。

さて、もし市江の祭が本当に文治年間から続いていれば、八百三十年以上にわたり執り行われてきたことになる。

しかし、その間には長島一向一揆があり、一揆側が敗北し、祭の主宰者である黒宮氏は討伐され、本来の市江の祭の意味や本質や様式も分からなくなってしまった。その後、宇佐美氏が車屋に就任することで、津島様式の祭に新たに変えられてしまった。

市江を含む河内の支配後、織田政権は市江の祭を津島様式に変えることにより、織田家の威厳の誇示に利用した。徳川家康は大坂夏の陣で豊臣家を滅亡させると、祭道具を市江車に寄付し、豊臣の世から徳川の世に移ったことと徳川政権の強大さを誇示した。市江の祭は戦国時代から江戸時代にかけて、政権誇示にも利用されたのである。

祭の主宰者や形式・様式は変わっていったが、変わらなかったものもある。それは荷之上の服部家や東保の宇佐美家という車屋や、それを支えて来た東保を中心とした市江の住民の津島神社の大神様への篤い信仰である。

津島天王祭は祭と冠してあるが、市江に関してはほとんど神事といえる。「夏の疫病除け」が津島天王祭の目的であった。昔は医学が未発達であったため、原因がわからないまま短期間で多くの人々が死んでしまう疫病は最も畏怖すべきものだった。医学の発達により、疫病の原因は細菌が原因であることも分かった。そして、日本からコレラや赤痢といった疫病は消滅した。

しかし、疫病の流行が無くなった現代においても、まだ天王祭や神事は行われている。

たとえば、私にとって天王祭は疫病だけでなく、それ以外の災厄をも払うことを祈念する祭となっている。

疫病の流行という脅威は無くなっても、人間というものは小さな存在である。科学技術が発達したとはいえ、台風や地震・津波などの災害を起こす自然の強大な力の前においては無力に等しい。また、自然災害だけでなく、人が起こすテロや戦争、また原発事故などの人為的災害もいつ起きるかもしれず、大きな脅威となっている。

自分ではどうすることもできない、人智の及ばない大きな力を畏怖する敬虔な気持ちが、祭を続けさせているのではないだろうか。安心で安全な、何も起こらない平穏無事な毎日を過ごせるように、津島神社の大神様のご加護がいただけるように祈願することが祭の継続の理由の一つとも考えられよう。

津島天王祭を観光化しようとする動きもある。しかし、単に「見せ物」にするだけにせず、八百年以上続いてきた先祖から伝わる敬虔な気持ちを大切にして欲しい。祭の様式は、時代に合わせて変えていってもよいと思う。ただ先祖から伝え護られてきた、神事を大切にする気持ちは、ずっと永く未来に伝えていって欲しいと願う。

主要参考文献

『佐屋町史　資料編二』佐屋町史編纂委員会　一九八〇年
『無形の民俗資料記録　津島祭』愛知県教育委員会　一九六八年

参考文献

自治体史

『佐屋町史　資料編一』佐屋町史編纂委員会　一九七六年
『佐屋町史　資料編三』佐屋町史編纂委員会　一九八三年
『佐屋町史　資料編四』佐屋町史編纂委員会　一九八八年
『佐屋町史　資料編五』佐屋町史編纂委員会　一九八九年
『佐屋町史　通史編』佐屋町史編纂委員会　一九九六年
『津島市史㈢』津島市教育委員会
『津島市史㈤』津島市教育委員会　一九七五年
『津島町史』愛知縣津島町　一九三八年
『市江村誌』佐屋町史編纂委員会　一九六五年　一九八八年復刻発行
『新編立田村史　通史』立田村　一九九六年

『弥富町誌　資料編1』弥富町　一九九一年
『美和町史』美和町　一九八二年
『新修名古屋市史　第九巻民俗編』名古屋市　二〇〇一年
『新修名古屋市史　資料編　民俗』名古屋市　二〇〇九年
『新修名古屋市史　第二巻』名古屋市　一九九八年
『愛知県史　資料編1　名古屋・熱田』愛知県　二〇一四年
『愛知県史　資料編10　中世3』愛知県　二〇〇九年
『愛知県史　資料編11　織豊1』愛知県　二〇〇三年
『愛知県史　通史編3　中世2・織豊』愛知県　二〇一八年
『須成祭総合調査報告書』蟹江町教育委員会　二〇〇九年
『新編一宮市史　本文編　上』一宮市　一九七七年
『一宮市浅井町史』一宮市役所浅井支所　一九六七年
『三重県史　通史編　近世1』三重県　二〇一七年
『長島町誌　上巻』長島町教育委員会　一九七四年
『多度町史』多度町教育委員会　一九六三年
『桑名市史　本編』桑名市教育委員会　一九五九年
『海津町史　通史編　上』海津町　一九八三年
『海津町史　通史編　下』海津町　一九八四年

『海津町史　民俗編』海津町　一九七二年
『目で見る三浦市史』三浦市　一九七四年

尾張津島天王祭について

黒田剛司『午頭天王信仰と津島天王祭』泰聖書店　二〇〇二年
黒田剛司『津島歴史紀行』泰聖書店　一九九九年
黒田剛司『津島の祭礼　こんなに素晴らしい祭文化』泰聖書店　二〇一五年
名古屋市博物館『企画展　尾張の天王信仰』一九九九年
海部郡市江村立市江小学校『市江車と津島祭』一九五一年

尾張津島天王祭についての論文

鬼頭秀明「熱田社人と市江車」『あつた』一三六号　熱田神宮宮庁　一九八五年
鬼頭秀明「津島天王祭の山車風流─大山と車楽─」『愛知県民俗調査報告書4　津島・尾張西部』愛知県総務部総務課県史編さん室　二〇〇一年
鬼頭秀明「津島天王祭の児《ちご》と楽《がく》」『全日本郷土芸能協会会報　第七号』全日本郷土芸能協会一九九六年
鬼頭秀明「三河の山車祭りと芸能」『愛知県史研究』第11号　愛知県　二〇〇七年
鬼頭秀明「東海地方における大山の展開」『四日市市史研究』第十一号　四日市市　一九九八年
鬼頭秀明「内々神社の扇獅子（おおぎじし）」『郷土誌かすがい　第25号　ホームページ版』春日井市

一九八〇年
伊東良吉「津島信仰と津島神社」『愛知県史研究』第五号　愛知県　二〇〇一年
原昭午「津島祭が伝える海部・津島の歴史」『愛知県史研究』第七号　愛知県　二〇〇三年
黒田幹夫「津島天王祭りの巻き藁風流とその展開」『まつり』74号　まつり同好会　二〇一二年
坪井忠彦「天王祭―神前で僧職が読経―」『愛知県指定の無形・民俗文化財』一九七六年
小島廣次「津島とお天王さま」『海と列島文化　第8巻　伊勢と熊野の海』小学館　一九九二年
樋田豊「津島祭屏風について」『まつり通信』281　まつり同好会　一九八四年
津島高校図書館「津島祭カラースライド解説」『郷土文化』第14巻第2号　一九五九年

津島神社について

福岡猛志「津島神社の信仰」『東海の神々をひらく　第16回春日井シンポジウム』二〇〇九年

熱田大山祭（天王祭）について

水野藤吉「熱田の大山祭」『熱田風土記　上巻』久知会　一九八〇年
三渡俊一郎『熱田区の歴史』愛知県郷土資料刊行会　二〇〇六年
名古屋市蓬左文庫『名古屋叢書三編　第六巻　尾張年中行事絵抄　中』名古屋市教育委員　一九八七年
名古屋市蓬左文庫『名古屋叢書三編　第六巻　尾張年中行事絵抄　中』（解読編）名古屋市教育委員会

一九八七年

祇園祭とその系統の祭について

植木行宣『山・鉾・屋台の祭―風流の開花』白水社　二〇〇一年
植木行宣・福原敏男『山・鉾・屋台行事―祭りを飾る民俗造形―』岩波書店　二〇一六年
福原敏男『祭礼文化史の研究』法政大学出版部　一九九五年
安田次郎『寺社と芸能史』山川出版社　二〇〇九年

祇園祭とその系統の祭についての論文

植木行宣「山鉾を囃す稚児舞」『祇園囃子の源流　風流拍子物・羯鼓稚児舞・シャギリ』岩田書院　二〇一〇年
植木行宣「都市と祭礼―山鉾の祭りとその展開―」『成熟都市の条件』佛教大学総合研究所　一九九六年
植木行宣「山・鉾・屋台の祭りとハヤシの展開」『都市の祭礼―山・鉾・屋台と囃子―』岩田書院　二〇〇五年
植木行宣「鎮魂の祇園祭―播磨との縁」『三ツ山大祭と祭りのこころ』神戸新聞総合出版センター　二〇一四年
田井竜一「「祇園囃子」の源流―風流拍子物・羯鼓稚児舞・シャギリ」『祇園囃子の源流　風流拍子物・

羯鼓稚児舞・シャギリ』岩田書院　二〇一〇年
田井竜一「画像資料にきく「祇園囃子」」『祇園囃子の源流　風流拍子物・羯鼓稚児舞・シャギリ』岩田書院　二〇一〇年
樋口昭「羯鼓稚児舞・獅子舞・しゃぎりにみる旋律および拍節構造」『祇園囃子の源流　風流拍子物・羯鼓稚児舞・シャギリ』岩田書院　二〇一〇年
福原敏男「美濃御嵩の願興寺祭礼」『祇園囃子の源流　風流拍子物・羯鼓稚児舞・シャギリ』岩田書院　二〇一〇年
宮本圭造「「だんじり」遡源―祇園の会にも「たんちり」ぞ舞ふ―」『祇園囃子の源流　風流拍子物・羯鼓稚児舞・シャギリ』岩田書院　二〇一〇年
山路興造「剣鉾祭りの歴史と性格」『京都の剣鉾まつり』京都の民俗文化総合活性化プロジェクト実行委員会　二〇一一年

祇園祭について

山路興造『京都　芸能と民俗の文化史』思文閣出版　二〇〇九年
山路興造『中世芸能の底流』岩波書店　二〇一〇年
山路興造「祇園囃子の源流と変遷」『講座祇園囃子』祇園山鉾連合会　一九八八年
脇田晴子『中世京都と祇園祭』中央公論社　一九九九年
川嶋将生『祇園祭　祝祭の京都』吉川弘文館　二〇一〇年

嶋田崇志『写真で見る祇園祭のすべて』光村推古書院　二〇〇六年
京都市文化市民局文化芸術都市推進室文化財保護課（編集発行）『写真でたどる祇園祭山鉾行事の近代』二〇一一年
仏教大学編『京都の歴史1』京都新聞社　一九九三年

藤原頼長・崇徳上皇・後白河法皇・保元の乱・怨霊思想について

橋本義彦『人物叢書　藤原頼長』吉川弘文館　一九六四年
安田元久『人物叢書　後白河上皇』吉川弘文館　一九八六年
安田元久『保元の乱を読みなおす』日本放送出版協会　二〇〇四年
元木泰雄『人物叢書　藤原忠実』吉川弘文館　二〇〇〇年
山田雄司『崇徳院怨霊の研究』思文閣出版　二〇〇一年
山田雄司『跋扈する怨霊　祟りと鎮魂の日本史』吉川弘文館　二〇〇七年
山田雄司『怨霊とは何か』中央公論社　二〇一四年
竹田恒泰『怨霊になった天皇』小学館　二〇〇九年
井沢元彦『井沢式「日本史入門」講座④「怨霊鎮魂の日本史」の巻』徳間書店　二〇〇八年
井沢元彦『怨霊と鎮魂の日本芸能史』檜書店　二〇〇八年
井沢元彦『井沢式「日本史入門」講座①和とケガレの巻』徳間書店　二〇〇六年
保立道久『歴史のなかの大地動乱―奈良・平安の地震と天皇』二〇一二年

朧谷寿『NHKさかのぼり日本史⑨　平安　藤原氏はなぜ権力を持ち続けたのか』NHK出版　二〇一二年
長島一向一揆について

安藤弥「本願寺・一向一揆との戦い」『信長軍の合戦史』吉川弘文館　二〇一六年
播磨良紀「織田信長の長島一向一揆攻めと「根切」」『戦国期の真宗と一向一揆』吉川弘文館　二〇一〇年
金龍静『一向一揆論』吉川弘文館二〇〇四年
神田千里『戦争の日本史14　一向一揆と石山合戦』吉川弘文館　二〇〇七年
神田千里『信長と石山合戦　中世の信仰と一揆』吉川弘文館　一九九五年
太田光俊「小牧・長久手の戦いにおける本願寺末」『近代成立期の大規模戦争　戦場論　下』岩田書院　二〇〇六年
石神教親「「長島一向一揆」再考」『織豊期研究』第10号　織豊期研究会　二〇一四年
稲本紀昭「織田信長と長島一揆」『日本国家の史的特質　近世・近代』思文閣出版　一九九五年
青木忠夫『本願寺教団の展開―戦国期から近世へ―』法蔵館　二〇〇三年
中野和之「願正寺の系譜」『戦国期の真宗と一向一揆』吉川弘文館　二〇一〇年
小和田哲男監修『週刊ビジュアル日本の合戦　No.13顕如と石山合戦』二〇〇五年　講談社
堂宮賢瑞『長誓寺史』長誓寺　一九七四年

織田信長について

下村信博「尾張国海東・海西郡と勝幡系織田氏」『名古屋市博物館研究紀要　第28巻』名古屋市博物館　二〇〇四年
下村信博「織田信秀の台頭」『論集戦国大名と国衆6　尾張織田氏』岩田書院　二〇一一年
下村信博「織田信長の登場」『論集戦国大名と国衆6　尾張織田氏』岩田書院　二〇一一年
小島広次「勝幡系織田氏と津島衆―織田政権の性格をさぐるために―」『名古屋大学日本史論集　下巻』名古屋大学文学部国史学研究室　一九七五年
横山住雄『中世武士選書　第10巻　織田信長の尾張時代』戎光祥出版　二〇一二年
横山住雄『織田信長の系譜　信秀の生涯を追って』濃尾歴史文化研究所　一九九三年
横山住雄「那古野の興亡」『城』50号　東海古城研究会　一九六九年
谷口克広『信長の政略』学研パブリッシング　二〇一三年
藤田達生『日本史リブレット人　０４５　織田信長　近代の胎動』山川出版社　二〇一八年
小和田哲男『信長　徹底分析十七章』ＫＴＣ中央出版　二〇〇三年
服部徹『英雄はなごやから羽搏く』星雲社　二〇一八年

絵画資料

名古屋市蓬左文庫編『名古屋叢書三編　第六巻　尾張年中行事絵抄　中』名古屋市教育委員会　一九八七年

楢崎宗重『秘蔵浮世絵大観一　大英博物館Ⅰ』講談社　一九八七年
武田恒夫・守屋毅・小林忠・服部幸雄『日本屏風絵集成　第十三巻　風俗絵　祭礼・歌舞伎』講談社　一九七八年
西巻興三編『太陽コレクション12「士農工商」仕事と暮らし江戸・明治Ⅳ商人』平凡社　一九七二年
島田修二郎監修『在外日本の至宝　第4巻「障屏画」』毎日新聞社　一九八〇年
平山郁夫・小林忠『秘蔵日本美術大観　六　ギメ美術館』講談社　一九九四年
狩野博幸『新発見・洛中洛外図屏風』青幻舎　二〇〇七年

その他

蟹江町教育委員会編集・発行『須成祭総合調査報告書』二〇〇九年
森浩一『京都の歴史を足元からさぐる〔洛東の巻〕』学生社　二〇〇七年
南郷村教育委員会『日向南郷神門神社・木城比木神社の師走祭調査報告書』一九九八年
神田より子・俵木悟編『民俗小事典　神事と芸能』吉川弘文館　二〇一〇年
歴史人編集部『完全保存版　戦国武将の家紋の真実』KKベストセラーズ　二〇一五年
小和田哲男『呪術と占星の戦国史』新潮社　一九九八年
保立道久・成田龍一監修『津波、噴火…日本列島地震の2000年史』朝日新聞出版　二〇一三年
小林保治・森田拾史郎編『能・狂言図典』小学館　一九九八年
日本史広辞苑編集委員会『山川　日本史小事典（新版）』山川出版社　二〇〇一年

河音能平『中世封建社会の首都と農村』東京大学出版会　一九八四年
五来重『踊り念仏』平凡社　一九九八年
黒田日出男『龍の棲む日本』岩波書店　二〇〇三年
鴨長明・吉田兼好『方丈記・徒然草』（校注者　佐竹昭広　久保田淳）岩波書店　一九八九年
宇津徳治・嶋悦三・吉井俊尅・山科健一郎編『地震の事典　第2版（普及版）』朝倉書店　二〇一〇年
都司嘉宣「『平家物語』および『方丈記』に現れた地震津波の記載」『建築雑誌』一九九九年
『戦国の経済史』別冊宝島2449号　宝島社　二〇一六年
『愛知県遺跡地図（Ⅰ）尾張地区』愛知県教育委員会　一九九四年
『日本大百科全書　二十三』小学館　一九八八年
『広辞苑　第五版』岩波書店　一九九八年
『日本国語大辞典　第二版　第四巻』小学館　二〇〇一年
藤原宣隆『官許　祭典略附祭文例』松屋平兵衛蔵版　一八六九年

リーフレット
『高岡神社　伝記抄略』高知県高岡郡四万十町高岡神社

データベース
古代中世地震資料研究会「〔古代・中世〕地震・噴火資料データベース（ベータ版）」静岡大学防災総

合センター公開

ホームページ

気象庁潮位表　名古屋

ウェブサイト

Google「名字由来ネット」

講演会

植木行宣「山鉾の祭と須成祭」尾蟹江町歴史民俗資料館　二〇一二年
鬼頭秀明「尾張の祭りと民族芸能」於一宮市博物館　二〇〇七年
鬼頭秀明「尾張のまつりと芸能」於蟹江町中央公民館分館　二〇〇八年
鬼頭秀明「山車の足跡を辿り、紐解く」於清須市　二〇一〇年
鬼頭秀明「須成祭─地域と祭り─」於蟹江町須成公民館　二〇一一年
鬼頭秀明「一宮をめぐる山車の文化」於一宮市尾西歴史民俗資料館　二〇一五年
黒田剛司「尾張津島天王祭」於津島市図書館　二〇一六年　他多数
大橋忠彦「天王祭の昔と今」於津島市図書館　二〇〇九年　他多数
播磨良紀「長島一向一揆」於菰野町庁舎　二〇一一年

服部徹「織田信長　27歳までの生きざま」於稲沢市民会館　二〇一〇年

講座

山田雄司「跋扈する怨霊～祟りと鎮魂の日本史」於名古屋市　栄中日文化センター　二〇〇八年一〇月～二〇〇九年三月

山田雄司「怨霊の鎮魂」於名古屋市　栄中日文化センター　二〇一一年一〇月～二〇一二年三月

水野聡「はじめて見る能狂言」於名古屋市　栄中日文化センター　二〇〇八年一〇月～二〇〇九年三月

八木透「祇園祭の歴史と民族信仰」於名古屋市　栄中日文化センター　二〇一〇年四月～六月

井沢元彦「逆説の日本史」於名古屋市　栄中日文化センター　二〇〇九年～二〇一一年

あとがき

尾張津島天王祭について、調査・研究を始めてから十余年がたち、やっと論文をまとめることができました。今まで、津島五か村（五車）における祭の研究は、黒田剛司氏や黒田幹夫氏をはじめ、多くの研究者により進められてきました。しかし、市江については、昭和五十年代に発行された『佐屋町史』で、加藤安雄先生が当時現存する記録を網羅し、列挙して下さって以来、ほとんど研究は進んでいませんでした。

そのため『佐屋町史』と『無形の民俗資料記録　津島祭』を基に、自分の六十年間の津島祭の記憶や関係者への聞き取り取材などから、研究を進めてきました。

やがて、点と点で脈絡の無かった市江車の起源と歴史が、数学の方程式が解けた時のようにパッとひらめき、一本の大きな流れのような確証へと変わりました。この論証を自分の内だけに秘めておくのはもったいないと考えました。ご教示を下さった多くの方々への御恩に報いるため、社会に還元するのが私の責務だと考え、出版を決めました。

最後に、この論文を執筆するにあたり、多くの方々にご教示をいただきましたことに心から感謝申し上げます。素人の私にご教示して下さった方は百名を超えます。この論文は諸先輩の方々の記憶や郷土愛の一つ一つが結晶化してできた賜物だと自負しております。ありがとうございました。

尾張津島天王祭　歴史と起源を考察する

二〇二〇年三月十日

吉田由貴子

石山合戦・長島一向一揆における地域別の動向　年表

	（大坂）本願寺	長島
永禄3年（1560）	※当時の人は大坂本願寺と呼んでおり、後世の人が石山本願寺と呼ぶようになった	
永禄4年（1561）		
永禄10年（1567）	永禄10年（1567）本願寺顕如が、信長に美濃・伊勢平定を祝う音信を出す（『顕如上人文案』巻上） これは、信長の長島攻めの勝ち戦さを祝う文である ↔	永禄10年（1567）8月　信長の長島攻撃 里村紹巴『富士見道記（ふじみみちのき）』にその記述あり （織田軍に追われた稲葉山城（岐阜市）主の斎藤龍興が長島に逃げ込んだので、それを追い攻撃を加えたのか）
永禄11年（1568）	永禄11年（1568）信長が本願寺に矢銭を要求 矢銭（軍資金）5000貫文を要求し、顕如は矢銭を出す	
永禄13年～元亀元年（1570）	元亀元年（1570）8月　顕如が反信長に反発 本願寺顕如が信長を法敵とみなし、信長打倒の檄文を各地に発する	元亀元年（1570）伊藤一族の追放 願証寺の証意らが、長島城を責め、城主伊藤一族が追放される。これにより、長島は本願寺門徒の自治地域となる

市江・立田	その他の地域
永禄3年（1560）桶狭間の戦い 荷之上の服部佐京助友定は今川義元の加勢に熱田まで行く（『信長公記』）	
永禄4年（1561）守護斯波義銀の追放 尾張守護斯波義銀・戸田の石橋・吉良の謀叛の計画が発覚し、信長に追放される その時、左京助友定が駿河衆を海上から引き入れる手はずだった（『信長公記』）	
永禄11年（1568）1月　左京助の謀殺 左京助友定、上相場米野（三重県藤原町）で織田方の刺客にとり囲まれ、自害する	永禄11年（1568）信長上洛 信長は将軍義昭を奉して上洛する
永禄年間（1558～1570）　信興の河内侵攻 信長の弟信興が左京助友定の領地鯏浦（うぐいうら）付近へ侵攻（難畑の戦い）市江の鯏浦と立田の小木江に城（砦）を築く →元亀元年（1570）11月信興の切腹 8月に出された顕如の信長打倒の檄文に呼応し、立田の門徒らが信興の守る小木江城を攻め信興は切腹。その時信長は近江に出陣しており、助けを出すことができなかった	永禄13年（1570）4月金ヶ崎の退き口 信長は朝倉義景を討つため若狭へ進行。しかし、朝倉と浅井長政にはさみ打ちにあい、命からがら金ヶ崎から急ぎ撤退 元亀元年（1570） 本願寺顕如・三好三人衆・近江浅井氏・六角氏・越前朝倉氏・甲斐武田氏・安芸毛利氏らが反信長体制をとる。いわゆる信長包囲網が形成される 元亀元年（1570）6月　姉川の戦い 織田・徳川連合軍と浅井・朝倉連合軍が近江姉川河原で行われた合戦。織田・徳川軍が勝ったが、浅井・朝倉軍は比叡山に立てこもり、膠着状態になった

	（大坂）本願寺	長島
元亀2年（1571）		元亀2年（1571）5月　第一次長島侵攻 織田信長は、津島に出陣し、長島方面を攻撃した。多度社神宮寺の法雲寺で、信長調伏の祈祷をしたため、多度社・法雲寺が織田軍によって焼かれる。岐阜への帰途、織田軍は一揆勢の反撃にあい、氏家卜全が戦死する。その報服として、信長は容疑のある一揆勢の殺害を命じる。この戦いで戦死した一揆勢は数百人
元亀3年（1572）		
元亀4年 天正元年（1573）		天正元年（1573）9月　第二次長島侵攻 北伊勢四十八家と呼ばれる土豪ら降伏する。信長は北伊勢を平定。10月撤退途中にまた一揆勢らが織田軍を攻撃
天正2年（1574）		天正2年（1574）7月　第三次長島侵攻 信長は長島・立田・市江の壊滅作戦に出る。自ら津島に本陣を置き、市江・立田・香取の三方面から長島に向け南下。ローラー作戦で隈なく攻める作戦に出た。海からは安宅船を先頭とした大船団で攻撃。四方を囲まれた一揆勢は、長島城と四か所の砦に籠城。長島城は降伏し、船で退出しようとしたが、織田軍は鉄砲で攻撃。この時、長島願証寺院主の顕忍や大阪本願寺から派遣された軍鑑の下間頼亘を始め、多くの門徒が射殺あるいは切り殺された。降伏の約束を反故にされ怒った一揆側800余人が織田軍に反撃。信長の弟をはじめ、多くの織田一族を含む700～800人（『信長公記』）から1000人（フロイスの「日本史」）の被害が出た。ここで織田軍の包囲を突破した一揆勢は大坂へ逃亡。最後まで残った屋長島・中江の砦は火攻めにあい、2万人の人が焼死したという。ここに、一揆軍は壊滅し、長島城は滝川一益に与えられた

市江・立田	その他の地域
	元亀2年（1571）9月比叡山焼き討ち 信長は浅井・朝倉軍に味方したと比叡山延暦寺を焼く
	元亀3年（1572）武田信玄上洛を開始 12月三方が原の戦いで、信長の同盟者徳川家康を破るが、このころから持病が悪化
	元亀4年（1573）5月武田信玄死去 元亀4年（1573）7月室町幕府滅亡 2月から7月にかけての槇島城（まきしまじょう）の戦いで足利義昭は織田信長に敗れ、京都から追放される。実質的に室町幕府は滅亡した 天正元年（1573）8月朝倉・浅井氏滅亡 信長は一乗谷攻めで朝倉氏を、小谷城攻めで浅井氏を滅亡させる
天正2年（1574）7月　第三次長島侵攻 信長は津島に本陣を置き、自ら参戦。嫡男信忠に市江口から攻めさせた。市江島は防戦一方で、島民は逃げ出し、一時無人の島となった。その後、信長は五明に本陣を置き、長島に攻撃を加えた	

	（大坂）本願寺	長島
天正4年 (1576)	天正4年（1576）4月信長が大坂本願寺を攻撃 本願寺勢力は本願寺に籠城し、信長との戦いは膠着状態に。7月には毛利の水軍が織田軍を突破して本願寺に兵糧を運び入れた	
天正6年 (1578)	天正6年（1578）織田方の九鬼水軍が毛利水軍を撃破 5月　織田方の九鬼水軍は信長の命により、鉄甲船を造り、毛利水軍を撃破した	
天正8年 (1580)	天正8年（1580）顕如と信長和睦 閏3月　正親町天皇の勅命で顕如は信長と和睦する。4月　紀伊鷺森に退去。顕如の長男教如はこの和睦に従わず、本願寺に籠城を続けていたが、8月に退去。ここに信長との10年にわたる戦争が終結した	

市江・立田	その他の地域

鉾の祭の歴史　年表

	900　1000　1100　1200
	平安時代　鎌倉
京都	869　神泉苑に66本の鉾を立て御霊会 863　最初の御霊会 （古代には広鋒銅鉾などの祭祀文化） 貴族は競馬（道長）や馬長児・田楽などを奉納 しかし貴族や朝廷の経済力の弱体化と共に室町時代初頭に姿を消す 町衆の鉾
熱田	1010 旗鉾を捧げて疫神を祀る
市江	文治の頃（1185〜1190） 市江の神事の始まり
津島	

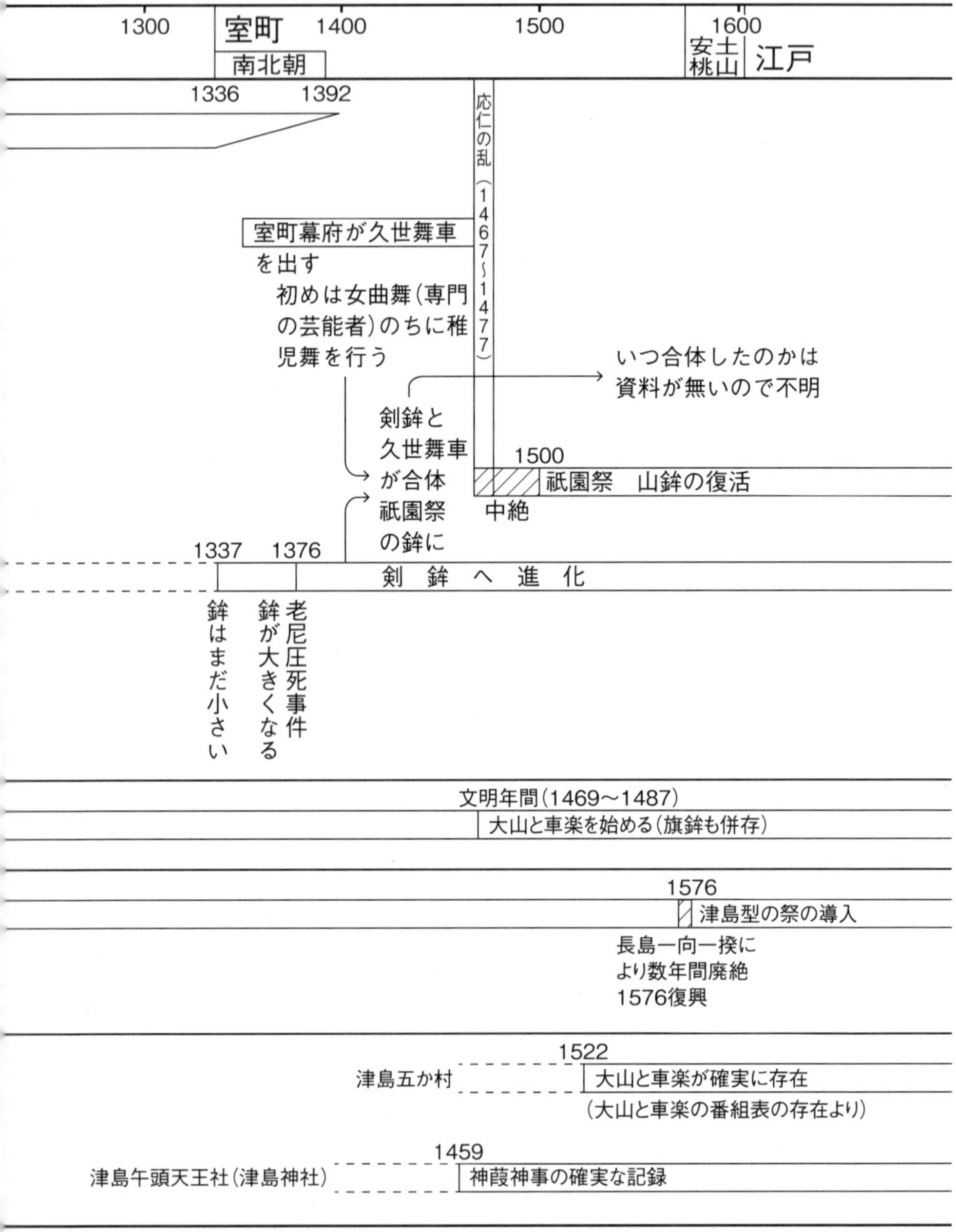
1300
室町
1400
1500
1600
南北朝
安土桃山
江戸
1336
1392
応仁の乱（1467〜1477）
室町幕府が久世舞車を出す
初めは女曲舞（専門の芸能者）のちに稚児舞を行う
いつ合体したのかは資料が無いので不明
剣鉾と久世舞車が合体祇園祭の鉾に
1500
祇園祭　山鉾の復活
中絶
1337
1376
剣　鉾　へ　進　化
鉾はまだ小さい
鉾が大きくなる
老尼圧死事件
文明年間（1469〜1487）
大山と車楽を始める（旗鉾も併存）
1576
津島型の祭の導入
長島一向一揆により数年間廃絶
1576復興
1522
津島五か村
大山と車楽が確実に存在
（大山と車楽の番組表の存在より）
1459
津島午頭天王社（津島神社）
神葭神事の確実な記録

藤原頼長の怨霊の鎮魂　年表

863年（貞観5）	6月17日富山・新潟県大地震。山が崩れ、谷が埋まり、水が湧き、民家が壊れ、圧死者多数 最初の御霊会が行われる
869年（貞観11）	東北地方で貞観地震（M8.3）。12日後、神泉苑に66本の鉾を奉納
1051〜1062年	前九年の役
1052年	末法元年。末法が始まる
1083〜1087年	後三年の役
1156年（保元元）	保元の乱 崇徳院讃岐に流刑。藤原頼長傷死 源為義（源義朝の父）斬首。平忠正（平清盛叔父）斬首
1159年（平治元）	平治の乱 藤原信頼斬首。源義朝誅殺。源義平斬首。源頼朝伊豆流罪
1167年（仁安2）	平清盛太政大臣となる。武士の台頭
1164年（長寛2）	8月崇徳院死亡。後白河院は服喪せず無視
1176年（安元2）	清原頼業・中原師尚・藤原経宗・中原師直らに対して崇徳と頼長をどう処遇したらよいか勘文の提出が求められる →怨霊の存在が意識されていた 6月13日　鳥羽院と美福門院得子の間に生まれ、二条天皇の中宮となった高松院姝子が死亡

7月8日　後白河院の女御で高倉天皇の母、平滋子が死亡

7月17日　二条天皇の子、六条院死亡

8月19日　藤原忠通の養女で近衛天皇の中宮、九条院呈子が死亡

→3か月の間に後白河院と忠通に関係する人物が4人死亡

→後白河院は崇徳と頼長の怨霊のしわざと恐れる……①

1177年（安元3）　4月　京都で大火「太郎焼亡」。大内裏・大極殿・八省院など焼亡。焼死者数千人。平安京の三分の一を焼失……②

→右大臣九条兼実は後白河院の失政を非難

6月　鹿ケ谷の陰謀の発覚。後白河院の近習が逮捕され斬首・流刑……③

①　②　③　により後白河院は本格的に崇徳と頼長の怨霊を恐れる

『愚昧記』によると、左大臣藤原経宗は「最近相次いで起こる事態が崇徳と頼長の祟りによるもので、これを鎮めるのは非常に重要なことである」と右大臣九条兼実に言っている

8月3日　讃岐院に崇徳院の院号が贈られる。頼長には太政大臣正一位の官位が贈られる

それにより、崇徳、頼長の鎮魂をはかる

1178年（治承2）　京都で大火「次郎焼亡」

1179年（治承3）　11月　平清盛、院政を廃止し、後白河法皇を幽閉

1180年（治承4）	4月	以仁王（後白河法皇皇子）、平氏追討の令旨を発する
	5月	以仁王、源頼政挙兵、宇治で敗死
	6月	福原遷都（11月還都）
	12月	平重衡、南都を攻め、東大寺（大仏も含む）・興福寺を焼く
1181年（養和元）	1月	後白河法皇、院政再開
	閏2月	平清盛死去
1181〜1183年		養和の大飢饉（諸国）。仁和寺の僧、隆暁（りゅうぎょう）は路上の死者を供養。その数2か月で4万2300余人
1182年（寿永元）		京都で疫病流行
1183年（寿永2）	7月	平家、西国に都落ち
	12月	崇徳院と頼長のために神祠を保元の乱の崇徳陣営の御所の跡地、春日河原に建立することが決定
1184年（寿永3）	3月	壇の浦の戦い。平家滅亡、安徳天皇入水
	4月	崇徳院と頼長の神祠の建立→神として祀られる
		京都に群盗横行
1185年（寿永4）		京都で疫病大流行
（文治元）	7月	京都で大地震、元暦の大地震。推定M7.4
	8月14日	文治に改元
1187年（文治3）	3月	後白河院は瘧（マラリア）にかかる。京の寺々や関東でも病気平癒のための修法や読経が行われる

	4月　先帝に「安徳」の諡号が贈られる→安徳天皇の怨霊の鎮魂を図る
1191年（建久2）	後白河院病に冒される→崇徳院・安徳天皇の堂を建て、それぞれの乱で亡くなった人々の霊を慰めようとした
1192年（建久3）	後白河院死去。後白河院の死とともに崇徳院・頼長の怨霊説は下火になる

尾張津島天王祭
歴史と起源を考察する
―市江を中心に―

二〇二〇年三月十日　初版第一刷発行

著　者　吉田由貴子

発行者　谷村勇輔
発行所　ブイツーソリューション
〒四六六・〇八四八
名古屋市昭和区長戸町四・四〇
電　話　〇五二・七九九・七三九一
ＦＡＸ　〇五二・七九九・七九八四
発売元　星雲社（共同出版社・流通責任出版社）
〒一一二・〇〇〇五
東京都文京区水道一・三・三〇
電　話　〇三・三八六八・三二七五
ＦＡＸ　〇三・三八六八・六五八八
印刷所　藤原印刷

ISBN978-4-434-26771-0